Je le sais,
c'est maman qui me l'a dit

Morgane Lahaye

Je le sais, c'est maman qui me l'a dit

Roman

ISBN : 979-10-377-8068-3

Chapitre I

Je suis née un samedi d'été. On m'a donné ce prénom : « Aby ». Dans mon imaginaire, cela devait être un moment merveilleux, car l'arrivée d'un enfant est, à mon sens, la plus belle chose au monde. Un père et une mère qui accueillent le fruit de leur amour, un petit être pur et innocent qui ne demande qu'à être aimé. Mais dans ma réalité, du moins dans la réalité que ma mère m'a confiée, c'était plutôt différent…

Elle m'a souvent raconté ce moment comme si elle l'avait vécu seule. Je me suis constamment posé la question : où était mon père ? Que vivait-il de si important pour manquer l'arrivée de son premier petit trésor ? Voici des questions qui m'ont suivie toute ma vie. Des réponses… oui, mais des réponses diverses et variées. Une d'entre elles, ma préférée : il était au feu en train de combattre un violent incendie. Il y avait aussi la version dans laquelle je suis née tellement rapidement qu'il n'a pas eu le temps de rentrer de chez son ami. Et la dernière, et non des moindres, il était allé voir celui qui deviendra, dans un futur pas si lointain, son beau-père.

Voilà donc le début de ma vie, une arrivée… Une absence… Une question… Trois réponses.

Je suis née dans le sud de la France, près de la mer. Dans cet endroit magique où les cigales chantent l'été, où les touristes aiment affluer en masse et s'agglutiner, telles des fourmis sur trois mètres carrés de plage. Les rues de mon village sont remplies d'histoire, elles font partie de ces lieux qui ont traversé les siècles. Parfois, au détour d'une ruelle, on y croise l'ancienne génération qui parle encore de l'époque à laquelle on cueillait les olives à la main et où on les emmenait au vieux moulin pour en extraire l'huile. Ou encore de la nouvelle qui s'inquiète de savoir comment on va restaurer ce fameux vieux moulin. Et puis il y a la toute dernière génération, celle qui joue aux billes avec les noyaux d'olives. C'est dans cet univers que j'ai donc poussé mon premier cri.

Quand je me plonge dans mes souvenirs, il me semble revoir une photo de mon père à la maternité, mais personne n'a su me dire si c'était le jour même, deux jours après, ou trois jours après.

Ma vie d'enfant puis ma vie d'adulte seront alors à cette image…

Un enchaînement de questions, avec souvent moult réponses. Et une confusion totale dans mes souvenirs, parsemés de violence et d'ignorance. Au point de ne plus arriver à faire la différence entre ma réalité et la sienne.

Je suis donc née un soir d'été dans des conditions plutôt confuses ; seule certitude à ce jour : c'était un samedi et on m'a offert un doudou, ma Juliette.

Il paraît que j'étais un bébé plus ou moins comme les autres, j'étais blonde comme les blés, assez blanche de peau, j'avais une petite bouche en cœur couleur framboise. Cependant, j'avais des difficultés pour m'alimenter, la prise des biberons était longue, avec beaucoup de reflux. Pour tout vous dire, je n'en ai strictement aucun souvenir. Je me rappelle qu'on m'a dit que depuis petite, j'étais malade, j'avais des problèmes digestifs. De ce problème-là, je n'ai que quelques souvenirs, notamment celui d'un repas à midi à la maternelle, où j'étais seule à table, car je ne pouvais pas manger comme les autres. Mes camarades avaient un repas normal, et moi je mangeais à part pour ne pas être tentée de piquer dans leur assiette.

Je ne comprenais pas : je n'étais donc pas comme tout le monde ? Après tout, c'est quoi, comme tout le monde ? Il y a des gens qui ne mangent pas de viande, d'autres pas de fruits, d'autres qui sont chauves, qui ont des boutons, bref, en fait, moi j'étais moi et c'était peut-être pas si mal comme ça.

Mes parents ont divorcé dans les années 90, pour quelle raison ? Quand ? Les réponses sont toutes aussi nébuleuses que pour ma naissance, au final, il serait question de tromperie. D'après ma mère, il nous aurait quittés alors que j'avais 2 ans et mon petit frère Sacha 9 mois. Sauf qu'il y a une autre version plus plausible, j'avais 4 ans et mon frère 18 mois. Nous avons 2 ans et demi d'écart, donc si j'ai 2 ans il ne peut pas avoir 9 mois. Bref, il a trompé ma mère et il nous a abandonnés. Je le sais, c'est ma maman qui me l'a dit. À cette époque, c'était pas très courant et plutôt mal vu.

Mon père faisait partie de ces hommes en bleu qui sauvent souvent des vies, ils descendent de leur beau camion rouge, tels des héros d'un jour. À l'époque, dans notre commune, ces hommes-là venaient chercher leurs repas le midi à la cantine de l'école, j'y croisais de temps en temps mon père. Et j'étais tellement fière !

Ma mère nous a souvent raconté qu'il ne nous aimait pas et qu'il ne nous prenait jamais chez lui… Si Maman le dit, c'est que ça doit être vrai… Personnellement, je ne m'en souviens pas. Après tout, comment un enfant de quatre ans pourrait-il se souvenir de ça ? S'il apporte le goûter à l'école ou pas ? S'il paie la pension alimentaire ou pas ? Après tout, ces choses-là ne me regardent pas.

Impossible donc de savoir, mais ma maman m'a toujours raconté qu'il faisait sa vie avec « la » nouvelle femme, et que nous on était laissés de côté. Un peu comme de petits chiens, vous savez ceux qu'on a abandonnés sur le bord de l'autoroute pour le départ des grandes vacances. Serait-ce donc ça toute ma vie ? Ce petit chiot pas très en forme, laissé sur le bord d'une autoroute ? L'autoroute de la vie. Celle de ma vie…

Pour la plupart des gens, leur vie se déroule avec quelques embûches, mais dans l'ensemble, ça se passe plutôt bien. Il y en a qui vivent un véritable enfer, la maladie, la guerre… En ce qui concerne la mienne, je dirais que j'étais de ces gens qui accumulent les soucis. Il y en a, des gens comme ça, on dit chez nous qui sont « emboucanés ». Eh bien moi, je suis emboucanée !

Revenons à cette année 90, j'étais donc cette petite fille avec de longs cheveux blonds, qui aimait courir, jouer, dessiner, chanter, bref cette petite fille normale, comme diraient les gens qui ne me connaissent pas.

J'allais à l'école, où je me rappelle, apprendre la chanson de l'alphabet, mais j'aimais aussi aller dans cette autre école, celle de l'hôpital, où je faisais des séjours très réguliers.

Un jour, je me rappelle que j'y ai même fait un gâteau au yaourt avec plein de sucre glace dessus. Il avait l'air si bon, et puis je m'étais appliquée, et même la maîtresse de l'hôpital disait qu'il était vraiment très beau. Mais à cause de ce tuyau dans le nez, je n'ai jamais pu goûter. Je l'ai donc offert à ma maman. Pourtant, je suis sûre qu'il aurait régalé mes papilles de petite gourmande.

Un soir de cette fameuse année, ma mère avait invité des amis à la maison. Ayant perdu cette dernière des yeux depuis deux minutes, mon côté curieux avait pris le dessus, et j'étais donc partie à sa recherche tel un détective privé. À l'époque, elle était encore le centre de mon univers et on ne perd pas son univers, encore moins dans un T4 en haut d'un HLM… Nous habitions un petit appartement, on en faisait vite le tour !

Lancée dans ma quête, je sors du salon pour rentrer dans la cuisine, à première vue personne. Par acquit de conscience, je regarde quand même sous la table, n'oublions pas que pour une enfant de quatre ans une maman peut très bien se cacher sous la table ! Non : sous la table, rien ! Dans le placard ? Rien ! Je sais : derrière la porte ? Toujours pas de maman… Il faut que je me rende à l'évidence, Maman n'est pas dans la cuisine. Je retourne donc au salon, toujours pas de maman en vue. J'emprunte alors la deuxième porte, celle qui mène au couloir à gauche : rien à signaler. Et à droite ? Là ? Dans l'entrée, Maman ! Je pousse des cris de joie quand soudain je me rends compte de ce qui est en train de se passer : maman fait un bisou sur la bouche d'un homme. Beurk ! Bon ben y'a rien à redire, il est beau, il est grand, au moins le double de ma taille, facile, mais Maman a embrassé cet homme !

Cet homme allait devenir un des piliers de notre vie. Ensuite, tout se brouille dans ma tête, je ne me souviens que de peu de choses, je ne saurais même pas vous dire si mon père était là ou pas. Ma mère me disait que non. Donc si Maman l'a dit c'est que c'est vrai. Elle me disait souvent qu'il avait une nouvelle vie qui prenait beaucoup de temps. Il avait, comme disent les enfants, une nouvelle amoureuse. Était-il vraiment absent ? Est-ce vraiment une amnésie due à l'enfance ? Ou un des nombreux souvenirs que ma mère m'aurait susurrés à l'oreille ?

Ma mère me raconte diverses histoires à propos de cet homme absent. D'une voiture, dans laquelle il aurait fait semblant de lire un journal pour ne pas me voir et partir rapidement. Elle me dit aussi qu'il ne venait jamais nous voir, jamais nous apporter le goûter à la sortie de l'école, jamais il ne venait nous embrasser au coucher.

Un jour, je suis rentrée de l'école et j'étais contente parce que mes copains m'avaient donné un surnom. Eh oui, quand un enfant donne un surnom à un autre enfant c'est qu'il a de l'estime pour lui ! Parce qu'à quatre ans, on ne sait pas encore faire la différence entre jeu et moquerie. Ce soir-là, je rentre alors, toute fière, en disant : « Maman, mes copains ont trouvé un surnom : je suis la bâtarde ! » Je vous avouerais que je ne me souviens pas de sa réaction, mais j'imagine qu'elle a dû être sidérée.

Je me souviens ensuite d'une sortie d'école où ce grand monsieur qui était dans l'entrée était venu me chercher en disant à tout le monde que c'était lui mon papa et que j'étais pas une bâtarde. Mais du haut de mes quatre ans, je n'ai toujours pas saisi l'importance de ces mots. Ce n'est que bien plus tard que ces mots me feront mal… Un enfant de maternelle ne sait pas ce que signifie le mot bâtard donc je ne leur en veux pas de l'avoir prononcé. Par contre, ils l'ont bien entendu quelque part, et sûrement chez eux, venant de la bouche même de leur papa ou de leur maman…

J'étais contente parce que contrairement aux autres enfants, moi j'avais deux papas : un papa qui m'avait faite et un autre qui avait choisi de m'aimer.

Ensuite, les souvenirs se mélangent de nouveau : je nous vois dans une voiture, rouler pendant longtemps. Une grande maison, une chambre où on me demande de choisir du papier peint, des cartons partout, une nouvelle école.

Chapitre II

Ça y est, c'est le grand jour, celui où je quitte la petite enfance, pour devenir une grande ! Mais ne le dites à personne, je suce toujours mon pouce, mais chut, c'est un secret !

Donc oui ça y est ! À moi les stylos, les cahiers et les devoirs. Ça y est, je suis une grande, je rentre au CP…

Devant ce grand portail vert, je me sens minuscule, j'ai peur ! Mais j'ai pas le choix. Dans cette grande classe avec plein d'enfants autour de moi que je ne connais pas et une dame aux cheveux bruns qui me parle de plein de choses, mais je me sens complètement perdue… Je suis quand même beaucoup moins perdue dans les couloirs de mon hôpital, même avec mon tuyau dans le nez… Il paraît que beaucoup d'enfants ressentent ça. Alors c'est ça d'être comme tout le monde ?

Les jours passent, parfois ils se ressemblent, parfois non ; mais ils restent toujours ponctués de deux choses : la première mes hospitalisations, la deuxième son absence… Où est mon père ? Il me manque et quand j'en parle à Maman, elle me dit qu'il s'en fout de nous, mais que c'est pas grave parce qu'on a un papa qui nous aime… Donc si Maman le dit c'est qu'elle a raison, finalement c'est peut-être pas si grave que ça. Mais j'y pense…

Au printemps 93, ma mère et mon père de cœur ont décidé de s'unir pour la vie. Comme les princes et les princesses. Le cheval blanc avait été remplacé par une moto, mais sinon la magie y était. Je me souviens m'être fait la réflexion de comment j'allais faire le jour de mon mariage avec deux papas pour ne blesser ni l'un ni l'autre parce que je les aimais autant l'un que l'autre… J'ai donc pris une grande décision : je vais en choisir un pour m'accompagner à la mairie et le deuxième à l'église… Mais lequel ? Où ? J'ai donc décidé à l'âge de sept ans d'abandonner mes rêves de prince charmant et de renoncer au mariage…

Un jour, je devais avoir huit ans, nous nous sommes rendues à l'hôpital, les résultats des derniers examens n'étaient pas fameux. Le docteur parle à ma mère. Je les vois, mais je ne les entends pas. Je suis assise sur une chaise dans le couloir, sur une chaise orange, et j'attends. Je vois Maman pleurer. Mon petit cœur s'emballe, que se passe-t-il ? Pourquoi est-elle si triste ? Je sens bien qu'un truc ne tourne pas rond ? Alors je réfléchis, j'ai été malade ces derniers jours, mais rien d'insurmontable. J'ai vomi mon goûter après m'être cachée sous la table pour manger une bonne grosse cuillère à soupe de pâte à tartiner. J'ai eu mal, mais c'était tellement bon. J'ai huit ans et je suis un régime pire que celui des mannequins qui défilent sur les podiums. Finalement, un petit plaisir de temps en temps c'est pas censé faire de mal… sauf à moi ! Après tout, personne ne le sait ! Même Juliette n'était pas là !

À moins que… ? Oh, mon Dieu ! Le docteur doit savoir que j'ai mangé un aliment interdit ! Comment le sait-il ? Il y a des caméras dans ma cuisine ? Des espions ? En fait, rien de tout cela, juste un médecin qui se doute bien que j'ai fait une bêtise, j'ai mangé quelque chose qu'il ne fallait pas. À ce moment-là, je panique, j'ai peur de me faire gronder. Maman sort, s'essuie le visage, le docteur la suit : « Allez Pépette, tu restes avec nous, on t'a gardé ta chambre ! ». Ma chambre a une porte bleue et une super vue sur Notre-Dame de la Garde. La Bonne Mère comme on dit chez nous. Dès le lendemain, j'entends dire des mots tels que : fibroscopie, pH-métrie, TOGD. C'est bon, j'ai saisi ! Un tuyau dans la bouche, un autre dans le nez et pour faire passer tout ça faire l'asticot sous une radio en buvant un liquide soi-disant goût chocolat, mais qui en vrai ressemble à du plâtre. Et en a même le goût.

Allez, on commence les festivités par la fibroscopie ; passage au bloc : FAIT ; bouche ouverte : FAIT ; tenir Doudou très très très très très fort : FAIT ; et enfin, sortir vivante de cet enfer : FAIT. J'ai l'impression de suffoquer, mais je ne suis pas à mon coup d'essai, donc telle une grande cheffe de la tribu des tuyaux dans la bouche, je prends mon mal en patience et affronte avec courage et bravoure ce serpent qui se faufile en moi.

J'aimerais vous dire qu'à la sortie ma mère était là, mais je ne m'en souviens pas. Je pense que oui, mais pour cet examen-là je suis frappée d'amnésie.

Le lendemain, un nouveau combat m'attend. Bien plus terrible que le premier. C'est l'épreuve du spaghetti dans le nez. Ce fameux tuyau que je vais devoir garder 2 jours afin de mesurer le PH de mon estomac et le nombre de reflux.

Dans ma tribu, on ne sait pas trop comment gérer les pâtes. Nous sommes indiens, et l'Italie est loin de nous. Je suis allongée dans mon lit, Maman est là. Papa, non. Elle me dit de ne pas avoir peur, mais elle a les yeux pleins de larmes. Comment la croire ? À l'évidence, les spaghettis nous terrorisent toutes les deux. Elle me caresse le front, elle essaie de me rassurer, mais ça ne marche pas. Il y a aussi Mémé et elle et les spaghettis ne font pas bon ménage non plus. Ça y est, ils viennent me chercher, je vois les lumières qui défilent au plafond. Je ne reconnais pas cet endroit, il fait froid.

Maman et Mémé sont restées devant la porte et moi je suis seule avec l'infirmière. Cette dernière me dit que ce n'est rien de grave, que je n'ai qu'à m'asseoir sur une chaise et qu'on va faire descendre un petit tuyau jusque dans mon estomac. Elle me demande de laisser mon Doudou dans mon lit, je refuse, aucun combat sans ma Juliette ! Elle insiste, je lui dis que je peux pas y aller sans elle, c'est trop dur, elle me somme de la laisser dans le lit, je n'ai pas le choix donc je finis par capituler. Me voilà donc partie dans un duel sans mon acolyte de toujours. Dans la salle de combat, il y a un docteur que je ne connais pas, Maman n'est pas là, Doudou non plus… Je m'assieds, on me tient la tête et c'est parti… Tout le monde pensait que j'allais rester sage et me laisser faire. Mais moi je suis une guerrière et je ne compte pas me laisser rentrer un tuyau dans le nez par un inconnu. Dès le premier essai, l'animal sauvage qui sommeille en moi surgit. Le duel commence, je crie, je me débats, je frappe le docteur et tout ce qu'il y a autour de nous. Je gagne ! Du moins pour le moment… Mon docteur sauveur, alerté par mes hurlements, rentre dans le bloc. Il se demande pourquoi autant de cris ? Il se met face à moi et me demande :

— Mais où est passé ton doudou ma Poupette ?

— C'est la dame, elle a pas voulu que je le prenne ! dis-je péniblement entre deux sanglots, en désignant du doigt la coupable, les yeux pleins de larmes et de colère à son encontre.

Le regard et le ton de mon sauveur changent, il devient rouge de colère :

— Alors pour commencer, rendez-lui son doudou immédiatement ! Ensuite pour réussir un tel examen, il faut expliquer à notre poupette ce qu'on va lui faire ! On vous a donc rien appris à l'école de médecine ?

Ça y est ! Maintenant que j'ai retrouvé mon acolyte de toujours, je suis prête au combat ! Après cinq minutes de frottage intensif et de câlins avec mon sauveur, le combat reprend, mais cette fois c'est le sauveur, la guerrière et Doudou Juliette face aux spaghettis. Le docteur positionne le tuyau, le pousse, j'ai envie de tout arracher, mais je comprends vite que c'est peine perdue. J'accepte donc mon sort et malgré les larmes, c'est avec dignité que j'avale mon tuyau. Voilà c'est fini. Rendez-vous dans 48 heures pour lever ce démon.

Je retourne dans ma chambre, je retrouve ma mère et ma grand-mère. Elles ont les yeux rouges. Elles ont dû se battre elles aussi. Tout le monde me dit de me reposer, mais je n'ai qu'une envie, c'est d'aller en classe. Hop ! Allez, hop ! Debout, on se remue ! Je pose ma Juliette, je prends mon boîtier et je me dirige vers l'école de l'hôpital. J'ai retrouvé mes camarades de jeu, certains sont en fauteuil, d'autres comme moi avec des tuyaux, d'autres sont étrangement jaunes. Nous avons tous un truc que d'autres n'ont pas, mais entre nous, nous ne voyons pas nos différences. La maîtresse m'accueille et les activités reprennent.

Dormir avec un tuyau dans le nez relié à un boîtier n'est pas chose aisée.

Je me souviens avoir regardé un long moment ma mère qui dormait assise sur une chaise près de moi. La lumière de la télévision éclairait son visage. On aurait dit un ange. Cette nuit-là, c'était moi qui veillais sur ses rêves. Je voyais par la fenêtre la Bonne Mère au loin qui veillait sur nous tous.

Deux jours plus tard, retour au bloc pour le retrait du spaghetti. Mon docteur est là, mon doudou aussi. On peut commencer. 1, 2, 3, il tire d'un coup et c'est fini. Quelques minutes après me voilà prête pour mon dernier examen, mais celui-là est trop facile. Je passe l'épreuve haut la main sans larmes ni Doudou.

Après avoir survécu à ce stage commando, nous attendons les résultats. Le docteur a convoqué ma mère. Quelques minutes seulement passent. Elle ressort du bureau en pleurant. Avec le docteur, ils se mettent à ma hauteur :

— Ma poupette, nous avons tes résultats, et à notre grande surprise ils ne sont pas si mauvais que ça ! Donc on va continuer ton régime alimentaire, ainsi que le traitement, mais je ne vois aucune objection à ton séjour africain !

Et oui avec tout ça j'ai oublié de vous dire que mon papa de cœur a eu une campagne de famille en Afrique. C'est ce qui arrive quand on vit avec un militaire.

Nous sommes tous soulagés, nous pouvons partir, avec mon traitement certes, mais partir quand même. Et puis nous n'avons surtout pas de grosse opération. Les prières que ma mère avait faites à la Bonne Mère avaient-elles été exaucées ?

Chapitre III

Culottes ? OK ! Traitement ? OK ! Doudou ? OK ! C'est bon, je suis prête, on peut partir. Dans cette frénésie, j'ai presque réussi à oublier que j'allais passer deux ans sans voir mon vrai papa. Mais bon après tout, ça fait déjà si longtemps que je ne l'ai pas vu, je pense qu'il m'a oubliée. Que peut-il bien faire ? Où est-il ? C'est Papa fantôme !

Il est environ 4 h 30 du matin, nous sommes dans une chambre d'hôtel, il y a du bruit dans le couloir, nous nous réveillons. Ma mère, mon frère et moi. Ça y est, c'est le grand départ pour l'inconnu ! Nous sommes tous les trois à la fois apeurés et excités. Nous partons de l'hôtel en bus, il y a une autre Maman et sa petite fille. Pour le reste du convoi, il s'agit uniquement d'hommes en uniforme. Je me souviens de ce gros chien qui dormait dans l'allée du bus et que nous avons dû enjamber pour pouvoir regagner nos places. Je prête une attention particulière à mon Doudou, hors de question de la laisser quelque part… Mon frère est un rêveur, il perd le sien… Huit heures de vol plus tard, nous arrivons. L'air est chargé, je suffoque. Dans cette partie du globe, l'air est chaud et humide… Je ne me souviens pas que Simba avait du mal à respirer ? Ça doit être ça la différence entre les hommes et les lions ?

Ce jour-là, pour la première et unique fois de ma vie, je me suis retrouvée nez à nez avec une arme. Il y avait une ligne jaune au sol, il ne fallait pas la dépasser, mais, après un si long voyage et une envie folle de découvrir ce nouveau pays, j'ai franchi la ligne. Je ne pensais pas à mal, c'était juste une ligne au sol. Mais pas pour le Monsieur chargé de la sécurité. À l'aide de son arme, il m'a « accompagnée » du bon côté de la fameuse ligne jaune africaine.

Le temps de faire quelques papiers, de récupérer nos bagages, quelques câlins pour les retrouvailles, nous voilà donc partis à l'aventure sur cette terre aride. Je note rapidement qu'il fait étrangement noir la nuit, où sont les lampadaires ? Et sur la route, il y a des bosses et des trous partout… et malgré la nuit tombée il y fait incroyablement chaud. Pourtant, nous sommes en février… Ce pays est assez mystérieux et en plus la lune est si grosse que j'ai l'impression de pouvoir la toucher du doigt.

Après une visite éclair de la « ville », nous voilà chez nous ! Enfin ! On va pouvoir se reposer, quand nous sommes partis de France il faisait nuit et en arrivant dans notre nouveau chez nous il fait nuit aussi. Je n'ai aucune idée de l'heure qu'il est, mais la lune brille haut dans le ciel et nous allons rapidement au lit. Je serre fort mon Doudou voyageur contre moi et je pars au pays des songes. Mon départ dans le monde merveilleux du rêve est vite interrompu par d'étranges mouvements dans mon lit. Est-ce un chat africain qu'on nous aurait caché en guise de cadeau de bienvenue ? Ou alors mon frère qui se glisse dans mon lit par peur de cette nouvelle chambre ? Je sens d'un seul coup que ça bouge de plus en plus vite… Trop petit pour être mon frère, trop rapide pour être un chat… J'allume et me retrouve nez à nez avec un gros lézard. Je hurle ! Mes parents arrivent et rigolent. C'est notre nouvel animal de compagnie : il mange les moustiques, ce qui nous protège de certaines maladies africaines.

Ils ont vraiment de drôles de coutumes dans ce pays ! Un lézard en guise de chat ? C'est vraiment une autre culture…

Pour moi, nous sommes au pays du Roi Lion, mais je vais vite me rendre compte que ce n'est pas le cas, mis à part des chèvres dans des arbres et des dromadaires. Déception. Aucun Simba en vue.

Quelques jours après notre rencontre avec le lézard africain, nous reprenons la route de l'école. Mon père avait dit à ma mère :

— C'est simple : tu vas à l'arrêt de bus et tu les mets dans le bus d'Astérix !

Sauf que dans cette ville il y a 2 écoles, et chacune a son propre réseau de bus militaires : pour se rendre dans la première, les bus s'appellent Astérix 1, Astérix 2. Et pour se rendre dans la deuxième, les bus ont les noms d'Obélix, Idéfix, Panoramix. Ne le sachant pas, ma mère nous fit monter dans le premier bus scolaire qui arriva. Manque de bol, il alla dans la mauvaise école et nous nous retrouvâmes perdus, dans un pays inconnu, avec des gens en uniforme et armés… Bref, super journée en perspective ! J'avoue que je n'en mène pas large, à cette période de ma vie je suis encore assez timide et introvertie. Je fais le moins de bruit possible afin qu'on ne me remarque pas trop.

Je n'ai pas trop le choix, je dois dire au militaire que c'est pas la bonne école, et que nous sommes perdus. J'ai mon petit frère Sacha de 6 ans avec moi, je suis la grande, j'ai 8 ans, c'est mon rôle de le protéger, je le sais, c'est Maman qui me l'a dit. Alors, je prends mon courage à deux bras et j'avance vers cet homme si sérieux. J'explique la situation au chauffeur en essayant de ne pas pleurer, mais c'est dur… J'avale ma salive et par la même occasion, mes larmes.

Un petit tour supplémentaire de bus et nous voilà arrivés à bon port ! Nous sommes attendus, tels des rescapés devant le portail de l'école. Ouf, c'est beaucoup d'émotions et il est à peine 8 h du matin !

J'arrive dans ma classe et là, surprise de l'année, tous les élèves sont noirs ! La maîtresse et moi sommes blanches comme des linges. Ils me regardent tous comme si je venais d'une autre planète, je suis si bizarre que ça ? Et voilà, moi qui me sentais à peu près « normale » je me retrouve encore à être différente. Cette fois, pas parce que j'ai deux papas, ou parce que je suis malade. Non, je suis juste blanche ! La journée se passe bizarrement, des enfants parlent une langue que je ne comprends pas, d'autres me dévisagent comme si j'étais une extra-terrestre, pourtant on doit être au moins dix blancs dans l'école. Et le pompon sur la pomponette, j'apprends qu'ici on a école le dimanche ! Avez-vous déjà écrit vos devoirs dans votre cahier de textes à la page du dimanche ? Non ? Ben moi oui, c'est vraiment une autre culture !

La journée touche à sa fin… On fait le chemin retour et on rentre raconter nos aventures à notre maman.

Cette nouvelle vie africaine a l'air pleine d'aventures, je me couche en ayant hâte de les découvrir.

Pour vivre des aventures, je vais en vivre… En passant par les fourmis dans le pain, l'eau non potable, les cafards dans la douche, le lézard dans la chambre, les poubelles en guise de piscine, les coupures d'électricité, les inondations, les taxis sans sol, on est obligé de tenir les jambes en hauteur pour ne pas tomber, les mouches sur les aliments, pas de télé, pas de radio… De grands moments et surtout une sacrée différence avec ma France… Mon pays me manque, mes copines me manquent, ma famille me manque, mon autre papa me manque… Est-ce que moi je lui manque ? Je ne pense pas, je n'ai pas reçu de lettre, pourtant j'attends, mais rien n'arrive… Maman me dit que c'est pas grave, j'en ai pas besoin, j'ai mon père ici et c'est bien comme ça ! Elle a sans doute raison, les mamans ont toujours raison. Alors je mets mon plus joli mouchoir sur mon manque, j'inspire un bon coup, et j'avance.

Sans m'en rendre compte, je commence à me forger une carapace qui me suivra toute ma vie…

Malgré ce sentiment sur lequel repose mon plus joli mouchoir, je dois avouer que ce pays me séduit. Il y a une odeur particulière qui m'apaise, un mélange d'épices et d'égouts. Étrange… Mais j'avoue que plus les jours passent, plus je suis fascinée par l'art qu'ont les locaux de faire du café, de faire à manger, de sculpter des statues ou encore de raconter les légendes. Je me rends vite compte que je suis tombée amoureuse de cet endroit que certains appellent « la poubelle du monde ». Peut-être qu'ils ont raison, cependant c'est ma poubelle, alors je l'aime.

Ça y est, j'ai des copines, elles sont noires et ne mangent pas les mêmes gâteaux que moi, mais ce sont mes copines. On joue à la corde à sauter, et ici on n'a pas de bille alors on improvise avec des cailloux et c'est génial ! On n'en a pas besoin pour s'amuser. Dans mon école, j'apprends beaucoup de choses, comme la Bible et le Coran, j'apprends l'anglais aussi et j'ai des cours de morale. J'apprends aussi à m'occuper des autres. Avec ma classe, nous nous rendons tous les jeudis matin à l'orphelinat pour nous occuper des enfants abandonnés. Les enfants laissés pour compte, car trop blancs, ou trop noirs, ou trop malades, ou trop handicapés… ou parfois trop en vie. Moi, mon bébé s'appelle Omar. Omar a 2 mois, sa maman et son papa ne peuvent pas s'occuper de lui, donc il est ici. Sa maman travaille beaucoup avec son corps, c'est une Naya, et son papa a une famille bien à lui avec d'autres enfants, tous au teint porcelaine. Omar a donc une merveilleuse couleur caramel avec une crinière noire, des yeux d'un noir profond comme s'il avait déjà vécu trois vies. Je le regarde, il est emmailloté dans un lange sous un ventilateur, il ne pleure pas, il est calme. Je le vois qui m'observe tel un petit lion qui guetterait le retour de sa maman. Loupé ! Ce n'est que moi, je n'ai que 8 ans, je ne sais pas aimer comme une maman, mais je l'aime à ma façon. Je l'aime déjà profondément.

Durant la première année, notre chef de famille était absent ; non par envie, mais par devoir. Sa base était loin de notre maison et il ne venait que quelques jours dans l'année. Lors de ses absences, mes parents avaient un système éducatif bien à eux. À la maison, on avait un calendrier et ma mère y apposait des croix. La règle est simple : au bout de trois croix, on a une fessée quand Papa sera à la maison. S'il se passe trois mois sans qu'il rentre et que pendant ce temps, on a beaucoup de croix, on aura autant de fessées qu'on en a « méritées ». Je suis assez sage donc je n'ai pas beaucoup de croix. Je ne suis pas une image non plus, donc le stress monte quand je vois la deuxième croix arriver. Et la troisième ne tarde pas à suivre, je ne sais même plus pourquoi, mais ça devait être bien mérité. Papa rentre, il compte les croix et j'entends sa voix grave et profonde annoncer :

— Allez Aby, viens prendre ta baffe !

Je m'avance doucement dans le couloir de la maison, à ce moment précis il ressemble au couloir de la mort, avec une bonne fessée bien trempée, qui m'attend au bout. Vite ! Vite ! Une idée pour m'en sortir !

Il y a quelque temps de ça, j'avais eu la meilleure idée de ma vie ! Alors que j'allais prendre une fessée, j'avais mis un coussin sous mon bas de pyjama. Personne n'allait le voir, je l'avais bien caché. Je ressemblais étrangement à ma grand-mère paternelle au « couscoussier bien rempli » comme elle le disait bien volontiers.

J'avançais donc, telle mamie couscoussier, pour prendre ma fessée. Et là, c'est le drame ! Mon père se rend compte que ce ne sont pas mes fesses, mais un coussin. Il était rose, un peu plus rose que mes fesses avant fessée… Beaucoup, beaucoup moins rouge qu'après fessée.

Bon. L'idée du coussin, on oublie, ça n'a pas marché ! Une autre idée ? Je sèche. C'est donc avec la boule au ventre que je me penche sur ses genoux pour recevoir ma punition. Après tout, j'ai eu 3 croix. Je le mérite, c'est Maman qui les a mises. Par ma faute. Alors je ne dis rien et je retourne dans ma chambre retrouver ma Juliette. Je suis allongée sur mon lit, le visage rempli de larmes et les fesses bien rouges, je ne sais pas pourquoi je pleure, la douleur aux fesses ? La culpabilité d'avoir déçu Maman ? Ou alors l'humiliation de ne pas m'être défendue ? J'ai l'impression d'avoir un trou béant dans mon torse, Maman a bien vu la correction et n'a rien dit. Je serre fort ma Juliette, si je pouvais la faire rentrer dans mon torse pour combler ce trou, je le ferais sans hésiter. Mais malheureusement pour moi ce n'est pas possible, elle est faite de chaussettes, elle peut juste me consoler. C'est à bout de force et de souffle que je commence à sombrer quand j'entends « à table ».

Le repas se passe bien ensuite, dans le silence, mais bien.

Ces épisodes ne sont pas réguliers. Mais ils m'ont marquée, je me souviens de l'angoisse qu'ils faisaient naître en moi. Et de cette étrange sensation qui arrive après, le soulagement du câlin de bonne nuit. C'était merveilleux.

La valse des jours reprend, au rythme de l'école, des sorties en bateau, des soirées entre amis… Les semaines passent, une routine s'installe. On se lève tôt, très tôt, on arrive à l'école, il fait à peine jour, on passe la matinée, à midi on mange à la maison, puis sieste à cause de la chaleur. À l'heure du goûter, on retourne à l'école finir notre journée, on rentre, il fait nuit. Devoirs, douche, repas et dodo. Sauf quand il y a des amis. Là, c'est nous au lit et les grands s'amusent. Je le sais, je les entends de mon lit. Des soirées, il y en a de plus en plus, j'ai l'impression de perdre ma mère. J'en suis dévastée. Je me sens si seule.

Un jour, j'ose lui demander de passer du temps avec moi, elle me promet que le soir même elle le fera. Ce sera la première promesse qu'elle ne tiendra pas. Comme souvent une grande table se dresse dans le jardin, les bières et les diverses boissons y trouvent leur place au milieu des biscuits apéritifs. Le charbon dans le barbecue se transforme en braises, les rires résonnent, les enfants jouent dans la cour. Tout à l'air si parfait, à un détail près, je ne passe pas de temps avec Maman.

Il se fait tard pour nous les enfants, donc nous devons aller au lit, je lui dis ma tristesse et ma déception de ne pas avoir passé de temps avec elle. Elle essuie mes larmes, m'embrasse et sans dire un mot, elle part rejoindre ses amis. Je suis triste, je pleure, et comme toujours mon Doudou, ma Juliette, veille sur moi. Nous nous serrons l'une contre l'autre et la fatigue s'empare de moi.

Après mon père, ce serait donc au tour de ma mère de me laisser ? Après tout, elle a peut-être besoin aussi de temps pour elle…

En parlant de mon père, celui de France, toujours aucune nouvelle. Il me manque, et parfois il me manque tellement que j'écoute une cassette audio avec ses chansons préférées. Je chante même comme s'il était là, j'arrive même à deviner sa voix derrière celle de Balavoine, Goldman ou encore Lalanne… Mais quand la chanson se finit, sa voix disparaît et ne reste que le vide silencieux. Le trou que j'ai dans ma poitrine ne cesse de s'agrandir.

Par chance, la chanson suivante arrive et je retrouve alors cette voix que j'aime tant. Tout ceci, je ne peux pas le dire, personne ne comprendrait. Comment peut-on aimer quelqu'un qui nous a abandonnés ? Puis ça ferait forcément de la peine à mon père d'ici et ça je ne veux pas. Alors je mets un joli mouchoir sur ce manque aussi, j'avale ma salive, respire profondément, et sors de ma chambre. Maman vient de nous signaler que c'est l'heure de passer à table.

Encore un matin africain, un de ces matins où on sent que quelque chose se trame, mais sans savoir quoi. Je dois être honnête avec vous, je me souviens de mes parents m'annonçant qu'ils devaient rentrer en France, mais que nous devions rester ici. Et ensuite, je ne me souviens plus de rien. Le vide. Je me souviens qu'à cette période le père de mon papa d'ici était très malade et qu'il allait nous quitter. Mes parents ont dû aller lui dire au revoir, mais nous sommes restés ici. Chez la voisine. J'essaie de faire des efforts de mémoire, mais rien ne me revient d'autre. Pourquoi ? 15 jours d'absence totale, sans aucun appel, car il n'y avait pas le téléphone… et aucun souvenir. Bizarre…

Durant ces 2 années, j'ai appris énormément de choses. La principale, comment mettre des mouchoirs sur mes sentiments. Maman me dit que je suis une grande, elle me le dit très souvent. Et les grands ça ne pleure pas, ça n'éprouve pas de manque ni de peur… Les grands, ça travaille, ça fait à manger, ça fait la fête. Mais ce n'est pas triste. Cependant, un événement viendra bouleverser cette pensée. Un soir, nous avons vu arriver notre « boïesse », notre femme de ménage, maculée de bleus sur son si joli visage couleur chocolat. Amina était avec nous depuis quasiment notre arrivée. Elle nous faisait le ménage, nous emmenait au bus, nous narrait les légendes de son pays.

Elle savait nous faire voyager à travers des descriptions si belles de son Éthiopie natale. Elle nous faisait rêver, elle sentait bon et ses baisers étaient si épicés et si doux que nous en redemandions le plus souvent possible. Amina faisait partie de ces gens qu'on appelle « immigrés ». Elle était arrivée par le train, qu'elle avait bien sûr pris en douce. Elle était arrivée dans ce pays qui lui promettait un avenir meilleur. Malheureusement, son avenir ne fut pas aussi beau que ce qu'elle avait imaginé. Elle vivait dans un bidonville avec son mari. Ce dernier avait tendance à la prendre pour un punching-ball. Ils n'avaient pas d'enfant. Alors son amour maternel était pour nous. J'entendais mes parents dire qu'il ne fallait pas que l'inspecteur du travail voie Amina. Je ne comprenais pas pourquoi… Ce soir-là, en voyant Amina pleurer à chaudes larmes, j'ai su que les grands pouvaient pleurer, mais qu'ils ne le faisaient pas. Comment ne pas pleurer ? Elle avait des bosses sur le visage. Pour une fessée, je m'effondre… Alors pour des bleus, j'aurais pu hurler !

Un jour, l'inspecteur du travail est venu à la maison. Maman n'était pas là. On était seuls avec Amina. Je l'ai vu faire le tour de la maison. Les volets étaient fermés, mais à travers les persiennes je l'ai vu. J'ai vite caché mon frère sous notre lit (la meilleure cachette de la terre) et Amina dans le placard de mes parents (la deuxième meilleure cachette de la terre). Ça tape à la porte. La boule au ventre j'ouvre, j'ai vu qu'il était avec mon gardien. J'avais confiance en lui. J'ouvris donc la porte. Erreur… Ils sont rentrés tels des fauves dans ma maison et ont fouillé partout… Du moins presque, je ne suis pas bête, j'avais bien caché tout le monde. L'inspecteur s'énerve, il menace de me frapper. Je ne dis rien, il me frappe sur l'épaule gauche et me crie dessus… Tel un enfant soldat du KGB, je ne lâche aucune information. Désabusés, ils repartent. Je reste alors là, debout derrière la porte. J'ai envie de pleurer, hurler, mais j'inspire un grand coup, je mets un mouchoir dessus, je ferme la porte à clef et je vais libérer mes deux compères. Je ne cède pas, je ne pleure pas, je suis grande. Maman rentre, elle voit bien qu'un truc ne tourne pas rond. Je lui avoue à demi-mot ce qu'il s'est produit. Elle me dit que j'ai été courageuse et nous allons porter plainte. Suite à cet épisode, je n'ai plus vu Amina. Elle ne venait plus nous faire de bisous épicés, son café n'embaumait plus la cuisine, ses histoires ne nous faisaient plus voyager, le silence de son absence avait gagné la maison.

Encore une fois, j'étais abandonnée, elle était donc partie sans même me dire au revoir. Je me sentais une fois de plus comme un chien laissé sur le bord de la route. Je devais être responsable de quelque chose, car tous ceux que j'aime ne restaient pas. J'étais tellement triste. Les jours passent avant que j'ose poser la question : où est Amina ? À ça, mes parents me répondent que l'inspecteur du travail l'a trouvée, qu'il l'a mise dans le train pour rentrer dans son pays, mais qu'à la frontière elle a été sans doute tuée. Je comprends mieux pourquoi elle ne m'a pas dit au revoir… Elle n'a pas pu… Je l'aimais si fort. Hop, une inspiration, une déglutition, un mouchoir et un pas en avant.

Deux ans s'étaient écoulés, et le jour du retour approchait. Finis les plages turquoise, les copines noires, les jouets en bois, les piscines dans la poubelle, les jeux dans le jardin en culotte et pieds nus… et mon cher Omar. Toi que j'ai vu si bébé, à qui j'ai donné le biberon, que j'ai changé, toi que j'ai vu faire ses premiers pas. Je vais devoir te laisser. Ça sera toi le petit chien, mais toute ma vie je penserai à toi et à ta superbe crinière.

Chapitre IV

J'ai dix ans, je suis de retour dans « mon » pays. Je me sens si mal, j'ai froid, mes copines me manquent, Amina me manque, j'aime pas mes nouvelles chaussures, elles me serrent les pieds, j'aime pas non plus les copines ici, elles se mettent du rouge à lèvres à dix ans et leur seul problème c'est la danse qu'elles vont faire le midi.

Mon maître m'a demandé de faire un exposé sur le pays d'où je viens, je l'ai présenté devant la classe et lorsque j'ai expliqué comment se nourrissent les chèvres, tout le monde a rigolé et m'a traitée de menteuse. J'ai juste expliqué qu'elles devaient monter dans les arbres pour pouvoir se nourrir. Je me suis sentie comme dans un cauchemar où j'aurais été nue devant ma classe. C'était humiliant. Pourtant je disais vrai. Je veux rentrer chez moi, ici on se moque de moi. Je suis étrangère, pourtant je suis une blanche chez les blancs.

Petit à petit, je vais me faire à cette nouvelle vie, encore une fois. Non sans mal, mais je vais y arriver.

À force d'aller faire du vélo dans la résidence, des repas à Pizza Paï et surtout du temps qui passe, je commence à me réadapter. Cette vie est différente, il y a du bruit, la télé, le téléphone, l'eau potable, on doit s'habiller, plus de sieste, pas de Omar, il fait froid, pourtant je commence à aimer cette vie.

Mes parents viennent d'acheter une grande maison, vieille, mais grande. Nous allons encore changer de ville, une fois de plus. Cette nouvelle vie à la campagne est pleine d'espoir et de belles promesses. Nos chambres sont grandes, le jardin est grand, la rivière coule à cent mètres de la maison. Ici le silence est maître, quelquefois troublé par le chant du coq.

Les travaux s'enchaînent dans ce palais qui a bien besoin d'un coup de jeune. Des murs tombent, d'autres s'élèvent, des pièces s'agrandissent, d'autres disparaissent. Chacun y va de son avis, de son idée, chacun y met sa griffe. Peu à peu, cette vieille bâtisse reprend vie. Et moi je vais y perdre la mienne. Nous avons emménagé dans ce qui ressemblait à une maison de film. Si grande qu'on avait l'impression de pouvoir s'y perdre. Ce que je ne savais pas encore, c'est que dans nos cartons nous avions emporté une chose horrible. Cette chose qui se manifeste à la nuit tombée. Celle qui pénètre au plus profond de vos cellules et qui change la plus belle des personnes en un monstre sans cœur.

Nous n'avions pas emménagé à quatre, mais à cinq…

Les premiers temps, je ne me suis pas rendu compte qu'elle était parmi nous. La vie avait l'air douce : école, piscine, équitation, vêtements de marque, grande maison… Une superbe vitrine. Quand, la nuit tombée, on la sentait rôder. La peur me saisissait, mais je ne mettais pas de nom sur ce mal qui circulait dans ma maison. Je la sentais longer les murs tel un serpent attendant sa proie. Puis au petit matin, la maison s'apaisait. Nous déjeunions, partions à l'école et au retour, elle était là. Je ne pouvais pas la voir, mais chaque jour je la devinais un peu plus. Elle gagnait en force, changeant nos parents.

Mon grand-père venait très souvent chez nous. Il venait pour faire des travaux, mais au fond je suis sûre qu'il avait compris le mal qui consumait mes parents.

Au fur et à mesure, je m'aperçus que ce mal arrivait vers 18 h 30/19 h. En même temps que le pastis. Coïncidence ou véritable liaison ?

Comme tous les ados, je passais beaucoup de temps dans ma chambre et j'étais intimement convaincue que ma mère préférait mon frère. Je me disais que c'était dans ma tête puisque le peu de fois où j'osais lui en parler, elle n'hésitait pas à dire que j'étais folle. Elle avait sûrement raison, de toute façon c'est ma mère, donc oui elle a raison, je suis folle.

D'ailleurs, elle le dit si bien, je n'ai à me plaindre de rien, j'ai une grande chambre, ma santé c'est pas pire, je fais de l'équitation, j'ai un « père » qui m'aime, des vêtements de marque… La belle vie, quoi !

La nuit tombe et l'ombre qui plane sur notre maison se manifeste. L'atmosphère devient lourde, étouffante, plombante. Les visages commencent à changer, les traits se tirent, le ton monte… Je sens le vent tourner et je préfère m'isoler. Je suis dans ma chambre, j'écris dans mon journal intime, je lui confie tous mes petits soucis d'ado. Les histoires futiles du collège, les disputes avec mon frère, rien de plus, je sais que je ne suis pas la seule à mettre le nez dans ces pages si intimes. Ce soir-là, mon grand-père me rejoint dans ma chambre, il appelle Sacha et nous dit :

— Les enfants : si vos parents vous disent que le mur est rose, vous dites oui !

— Pourquoi Papi ? Le mur est blanc. Je ne comprends pas ? dis-je sur un ton perplexe.

— Aby, suis mon conseil et ne leur tiens pas tête sinon ça va partir en cacahuète ! m'expliqua-t-il.

Je comprends qu'il se passe quelque chose, l'ombre se manifeste, elle a pris possession de mes parents. Il repart dans le salon, les minutes défilent, elles sont si longues. Des flashs arrivent dans ma tête. Rien n'est cohérent, mais ils sont là, je ne peux pas les ignorer. Je revois ce moment où je suis en CM2 où mon maître me demande mon nom de famille, innocemment je lui réponds :

— Lefebvre. Il me regarde d'un air dubitatif et surenchérit :

— Aby, ton nom de famille n'est pas Lefebvre, mais Louis !

— Non pas du tout, mon nom Louis est le nom de mon géniteur, Lefebvre est celui de mon père qui m'élève. Maman m'a expliqué que je m'appelle Lefebvre depuis qu'on est partis en Afrique. D'ailleurs, personne ne m'a appelé Louis depuis longtemps.

— Aby, je vais devoir parler à ta maman.

Un nouveau flash efface ce dernier, je me revois à table, la boule au ventre, essayer de manger. Je perçois la présence de l'ombre, je vois les visages de mes parents fermés. J'essaie de manger, mais chaque bouchée me fait mal. Mon père me regarde avec un regard noir :

— Aby, mange ! me dit-il sur un ton très sévère.

J'essaie, mais mon estomac me fait mal très mal. J'ai envie de pleurer, je serre les dents, je sais qu'au moindre faux pas le couperet va tomber.

— Aby, mange !

J'ai une boule dans la gorge, je n'arrive même plus à déglutir.

— Aby ! Mange !

Il déplie son bras jusqu'à moi et m'assène une tape derrière la tête. Comme si cela allait m'aider à avaler. Ma mère me regarde, j'ai les yeux pleins de larmes et sans dire un mot elle porte sa fourchette à sa bouche. Je continue tant bien que mal mon repas.

Un nouveau flash, je rentre du collège, je suis angoissée, j'ai eu une mauvaise note… Je vais morfler comme dit ma mère.

Un autre, je suis dans ma chambre, j'essaie de dormir, j'entends que mes parents se disputent. J'assiste de loin à un véritable règlement de compte, à coup d'insultes et d'autres mots moins vulgaires, mais tout aussi sordides les uns que les autres. Jusqu'à cette phrase :

— De toute façon, tu préfères ton fils à ta fille.

— Oui, et alors ? Je t'emmerde toi et elle !

J'entends encore la voix de ma mère prononcer ce qui me confortera à jamais dans mes doutes d'ado.

Un cri vient interrompre le tourbillon de mes souvenirs. Quand je reviens à moi, je suis dans un état second comme si je me réveillais d'un mauvais rêve. Ma réalité sera-t-elle meilleure ? Hélas, non ! Le cri nous annonce le passage à table. Ce soir-là nous serons 6, mes parents, mon grand-père, mon frère, moi et l'ombre… Le repas se passe en silence. Tout le monde se regarde en coin. Le silence règne, les verres de vin défilent. J'avale vite mon repas avant d'en prendre encore une. Je demande l'autorisation de sortir de table, je me lave les dents et file dans ma chambre comme si ma vie en dépendait. Comme tous les soirs, quand ma mère vient me dire bonne nuit, elle a une odeur étrange. Je l'ai souvent remarquée ; cependant, cette fois, c'est bien plus marqué. Elle bafouille, je me rends à l'évidence : ce n'est pas ma mère qui est assise sur mon lit, mais l'ombre.

Je n'ai plus de mère, cette ombre ne la quitte presque plus. Je la remarque à l'odeur, à l'attitude. J'ai peur.

Les disputes gagnent en puissance et au même moment, mon imagination me fabrique une super maman. Ma maman géante. Elle est grande, bien plus grande que la maison, elle a un gros nez, de grandes mains, le teint grisonnant, et peu de cheveux. Elle aurait effrayé n'importe quel enfant de la terre, mais c'est ma maman géante et je l'aime comme ça.

Cette maison est-elle magique ? Ou bien sommes-nous tous en train de devenir fous ? Quand le sommeil me saisit, c'est le meilleur moment de la journée, elle est là, je la vois. Elle enlève le toit de notre maison et avec une délicatesse sans faille elle vient caresser mon visage et j'arrive enfin à décrocher de ce monde si dur et à m'endormir. Elle veillera sur mes nuits pendant de longues années.

Une nuit, je suis réveillée par un véritable vacarme. Je n'avais jamais entendu ce bruit de ma vie. Un énorme boom qui provient de l'entrée de ma chambre. J'ouvre mes yeux, la porte est fermée. Je me lève, je marche doucement jusqu'à ma porte, j'ai peur, mais je suis intriguée.

J'ouvre la porte et je tombe nez à nez avec un tabouret de bar littéralement explosé. Je ne comprends pas ce qu'il fait là, nous avons bien un bar, mais il est dans le salon ! Le tabouret a-t-il essayé de voler et il s'est écrasé contre ma porte ? Un tabouret volant chez moi ? Je perds vraiment la tête, après la maman géante qui me dit bonne nuit, voici le tabouret volant.

« Lâche-moi, gros con ! » Ces mots me font l'effet d'une décharge électrique. J'enjambe les restes du défunt pour entamer la descente des escaliers. Je reviens vite sur cette idée et je me penche tout juste afin de voir ce qu'il se passe. Sous mes yeux se dresse un cimetière de chaises, verres, torchons et autres choses dont je ne saurais dire l'origine. Ont-ils tous essayé de voler ? Est-ce un crash collectif ? Je vois ma mère qui saigne. Mon père est rouge et griffé. J'aimerais en savoir plus, mais la peur m'empêche de bouger, je fais demi-tour et je regagne mon lit, j'inspire un bon coup, j'avale ma salive, je mets un mouchoir, je prends mon doudou, ma maman géante arrive et je me rendors.

Sans le savoir, je venais d'assister au crash de ma famille.

Le jour pointe le bout de son nez, les cris ont perturbé mon sommeil jusque tard. Je me lève, je dois me préparer, aujourd'hui il y a école. Je ne regarde personne dans les yeux, je déjeune peu, personne ne parle. Je suis prête, je mets mes chaussures et je pars au collège avec mon plus beau sourire.

Personne ne doit le savoir. The show must go on…

L'ombre a un nom maintenant : l'alcool.

Les disputes, la boisson et les coups vivent avec nous.

Le soir, ça crie, ça tape, ça nous tape, ça casse, ça nous casse… Et quand le jour se lève, on reprend le cours de nos vies.

Le téléphone sonne, je décroche et une voix me dit :

— Binou ? C'est Papa !

J'ai envie de pleurer, de crier de joie, mais je sens le regard de ma mère.

— C'est qui ? me demande-t-elle.

Je ne peux pas dire que c'est Papa, parce qu'il y en a déjà un ici. Et je ne peux pas dire que c'est François parce que ça ferait mal à mon interlocuteur. Que dois-je faire ? J'ai trois secondes pour trouver une issue. Je lui tends alors le combiné afin qu'elle reconnaisse sa voix.

La dernière fois que je l'ai vu, c'était il y a un an ou deux. Je ne sais même plus. Je pense à lui souvent. Et il est là au téléphone ! Mon cœur bat si fort que j'ai l'impression qu'il pourrait sortir de ma poitrine. Ma mère prend le combiné et entame une conversation avec lui.

Je pars, je ne veux pas assister à une potentielle dispute. Quelques minutes plus tard, elle nous annonce qu'il va venir nous chercher pour les vacances. Intérieurement, c'est un véritable feu d'artifice, mais à l'extérieur je reste impassible. Je ne veux blesser personne. Alors je garde pour moi mes émotions.

Quelques jours après, il est là, devant la porte de chez moi. Je ne sais pas quoi faire, j'ai tellement envie de lui sauter au cou. Mais je n'ose pas. Peut-être qu'il ne veut pas, et puis mon papa d'ici va être blessé et je ne veux faire de mal à personne alors je me contente de lui faire un bisou. Je m'assieds sur les escaliers et je regarde la scène qui se déroule sous mes yeux. Ils sont tous les trois assis à table et ils boivent un café. Comme si de rien n'était. Tout semble normal et moi j'arrive pas à parler. J'ai peur de dire « Papa » et de blesser l'autre papa. Voilà encore une belle galère ! Heureusement, il est bientôt l'heure de partir. On fait vite le tour du propriétaire et nous voilà dans la voiture. Dans ce carrosse de métal, nous écoutons les mêmes chansons que sur ma cassette africaine. Celle que je mettais en boucle durant mon séjour. J'y retrouve sa voix cachée derrière celle de Goldman ou Cabrel. Il me regarde, il me sourit, il a l'air heureux de me voir. Et je le suis aussi.

Pendant ces vacances, il a été le meilleur des papas. Affectueux, doux, sans cris. Quelle chance elle avait ma sœur de vivre avec lui ! Ah oui ! J'ai oublié de vous le dire. Mon père a refait sa vie avec « sa maîtresse », comme dit ma mère, et ils ont eu un enfant, une petite fille. Elle est belle, elle a les yeux bleus et la bouche en cœur. Ma mère dit que c'est « une bâtarde ». Pourtant elle a un père ? Ma mère ne sait pas trop ce qu'elle raconte.

Ils ne sont pas riches, ils ont un petit trois-pièces en centre-ville, le stationnement y est difficile, mais quand on rentre dans cet endroit il y fait bon vivre. Dans la salle à manger, il y a ses deux synthétiseurs. J'avais oublié à quel point il aime la musique. Il nous joue des morceaux, chante, me coiffe, me fait des câlins. Il a même voulu m'acheter une Barbie, j'ai été obligée de lui dire qu'à douze ans on ne joue plus à la Barbie. Ça craint !

Un soir, nous sommes à table, mon père se lève, passe derrière mon frère et moi pour atteindre le frigo. Comme un réflexe de crainte, nous baissons tous les deux la tête. Mon père s'arrête et nous demande s'il y a un problème. Nous répondons par la négative. Personne ne doit savoir ce qu'il se passe chez nous. Puis au fond, c'est peut-être pareil chez les autres. Je vois bien que son regard a changé, j'ai peur qu'il soit fâché ou, pire, déçu. Le repas se termine et nous allons nous coucher. Nous avons élu domicile sur un matelas dans le salon. Mon père nous embrasse et sort de la pièce. Au moment de passer la porte, il marque un arrêt, se retourne, me regarde et dit : « Binou, je t'aime ! ». Je suis tellement surprise que je ne réponds rien. Je le regarde, il me regarde et part se coucher. Et voilà un acte manqué…

C'est le matin, le soleil inonde de lumière la pièce, sans le vouloir mon esprit divague. Je me retrouve dans la petite cuisine du premier appartement de mon père, je dois avoir cinq ou six ans, je ne sais pas, je me souviens juste que ça sentait bon le pain grillé, sur la table, il y avait de la confiture dans de tout petits contenants et du beurre. Mon père est là, il me fait des tartines, je le regarde, il est si beau. Il a une belle chevelure brune et des yeux verts habillés d'un regard malicieux.

— Bonjour les enfants !

Je reviens à moi, je ne veux pas, j'étais si bien avec lui ! D'habitude, je divague et quand je reviens à moi, il a disparu, mais pas cette fois. Cette fois, il est là. On se lève, on se dirige vers la cuisine, ma sœur est assise dans sa chaise haute, elle prend son biberon, mon père fait chauffer mon lait, je marque un temps d'arrêt et je profite de cette scène. Je l'ancre bien profondément en moi, je ne veux pas oublier ce moment qui ne reviendra sans doute jamais.

Aujourd'hui, nous sommes invités. Un repas de famille chez mes grands-parents. Je vais voir ma mamie couscoussier et surtout mon petit papi. Pas celui qui vient chez nous faire des travaux. Non, celui qui rêvait de moi quand j'étais encore au chaud dans mon petit nid. Celui qui a pleuré la première fois qu'il m'a vue après mes deux ans d'absence. Celui qui dit à qui veut bien l'écouter que je suis la perfection, la fille qu'il n'a jamais eue. Bref, il n'avait d'yeux que pour moi malgré sa pudeur. Nous voilà donc tous à table, ma grand-mère, venant de l'autre côté de la méditerranée, nous avait fait sa spécialité : le couscous. Une pure merveille. Je me sens bien, je me sens à ma place. Ici j'ai pas peur, je suis apaisée, j'ai l'impression que rien ne peut m'arriver. Je n'ose plus penser aux moments maudits. Je n'ai même pas besoin de ma maman géante. Pour l'occasion, nous prenons une photo, la seule où nous sommes tous ensemble.

Le lendemain, mon père et moi partons faire une course. En voiture, il me demande s'il y a des problèmes chez ma mère. Je lui réponds que tout va bien. Il insiste :

— Binou, je vois bien qu'avec ton frère vous avez des réactions étranges, vous sursautez quand on rentre trop vite dans une pièce, vous baissez la tête quand on passe derrière vous. Binou, est-ce que quelqu'un vous frappe ?

— Non, Papa, tout va bien, je ne comprends pas ce que tu dis.

— Binou, il y a plein de choses que tu ignores sur ta mère, je pense que vous vivez des trucs difficiles, mais si vous ne dites rien, je ne peux rien faire pour vous.

Que puis-je lui dire ? Il a tout compris, mais elle est ma mère, elle ne nous a jamais laissés tomber, lui oui. Je le sais, c'est ma mère qui me l'a dit, assez souvent pour que je n'oublie pas. Un silence pesant s'installe quand sa voix retentit :

— Binou, quand tu auras 18 ans, nous aurons une conversation.

Que peut-il bien vouloir me dire ? Je vais devoir attendre des années avant de savoir ? De toute façon, je n'ai pas d'autre solution que de prendre mon mal en patience.

Les vacances touchent à leur fin. Nous allons devoir rentrer à la maison, pourquoi je ne peux pas rester avec lui ? Je suis si bien. Ma sœur vit avec lui, pourquoi pas moi ? Moi je suis condamnée à vivre avec mon ombre. Le retour est long, plus nous approchons, plus l'angoisse monte. J'ai pas envie qu'il me laisse encore, je ne sais pas quand je vais le revoir, j'ai pas envie de voir l'ombre. Que va-t-il encore se passer ? J'ai envie de pleurer. Mais je suis une grande, je ne dois rien montrer, je mets donc un joli mouchoir sur ça, j'affiche un sourire, je descends de la voiture, nous sommes arrivés.

Aujourd'hui est une bonne journée, nous avons joué dehors après l'école, nous avons fait nos devoirs sans cris, la douche s'est bien passée. L'ombre est-elle partie ?

Nous passons à table, quel régal, nous allons manger un hachis parmentier maison ! Ma mère est comme elle est, mais nous mangeons toujours de bons petits plats. Nous prenons place, nous commençons à dîner, quand mon père sort un stupide :

— C'est dégueulasse, c'est trop liquide !

Je ne comprends pas, je trouve ça bon. Ma mère se lève de table, va chercher une cigarette, l'allume et commence à fumer à table. Je perçois la présence de l'ombre. Le répit aura été de courte durée.

Mes parents commencent à se disputer, alors que nous poursuivons notre repas. J'ose lever la tête et j'assiste avec effroi à une scène qui me hantera toute ma vie. Je viens de voir ma mère écraser sa cigarette dans le cou de mon père. Ce dernier s'est levé d'un bon de sa chaise et lui a mis une gifle qui aurait pu lui décrocher la tête. Cette dernière se jette sur lui et commence alors une bagarre que je n'arrive pas à décrire. Je me lève, je prends mon frère sous mon bras et je cours nous mettre à l'abri dans ma chambre. Je croise les doigts pour que la tempête passe vite. Mais cela s'éternise. Nous sommes serrés l'un contre l'autre, je sens nos cœurs battre si fort ! J'ai du mal à respirer. J'ai peur. Je ne sais pas quoi faire. Je suis prise de malaise. D'un coup, j'ai un trou noir, je ne sais pas ce qu'il se passe après. Je me revois juste assise à mon bureau à écrire, ma voisine est là, elle me dit qu'écrire me fera du bien, que je ne dois pas garder pour moi. Après avoir versé quelques larmes d'encre sur les feuilles de mon journal presque intime, nous finissons par aller nous coucher. Il est tard, mais demain il y a école. Le jour se lève, la vie reprend son cours. À ce moment-là, j'ai encore l'innocence de croire qu'un jour ça s'arrangera.

Il y a des moments maudits, et d'autres si beaux. Ma vie ressemble à de véritables montagnes russes. Avec des hauts, des bas, des très hauts et des très bas.

J'arrive à m'évader quand je suis sur mon cheval, c'est mon meilleur ami. Je lui confie tout et lui ne risque pas de trahir mes secrets. Il est le centre de mon univers. Quand je le chevauche, plus rien n'existe, je suis libre. Mais il y a toujours un moment où je redescends et où je dois rentrer à la maison. Pourquoi les bons moments passent-ils si vite ?

À chaque fois que nous passons à table, j'ai l'angoisse qui monte. J'ai peur d'en prendre une, ou mon frère, ou une bagarre. C'est le suspense permanent. Un repas bien passé, un autre, encore un, et encore un ? Ah non celui-là il y a un truc, je vois bien les traits tirés de mes parents. Je me lève pour aller aux W.-C. Je vois Sacha qui court me rejoindre, je le vois terrifié.

— Binou, ça recommence, ils se battent !

— Hein ? Comment ça ? Je viens juste de me lever de table pour faire pipi. Je ne suis pas un éléphant, je ne fais pas 18 litres d'urine. Donc je me suis absentée trois minutes.

— Je ne sais pas, ça a pété d'un coup. J'ai peur, je ne veux pas y retourner.

Nous allons donc nous asseoir dans les W.-C. attendre que la tempête passe. Nous profitons d'une accalmie pour nous extirper directement des toilettes afin de regagner nos chambres. Loupé ! On nous voit !

— Débarrassez la table de suite, lavez-vous les dents et au lit direct sans dessert ! dit la voix grave de mon père.

Nous ne discutons pas, nous nous exécutons sans sourciller. Nous voilà au lit, ma Juliette est encore et toujours à mes côtés, ma maman géante aussi, grâce à elle et malgré les cris je vais réussir à trouver le sommeil. Je suis en plein rêve quand j'entends au loin un râle. Je me lève discrètement et je commence à inspecter le haut de la maison. Rien. J'entends un bruit étouffé, je vois la lumière de la salle à manger allumée, je commence à descendre les escaliers quand soudain j'aperçois ma mère gisant sur le sol dans une flaque de vomi. Que s'est-il passé ? Je la vois pleurer tout en étant à moitié endormie. Je me dirige vers elle, je vois des comprimés, je ne comprends pas la gravité de l'acte qui vient de se produire. J'essaie de la réveiller, mais rien n'y fait, je décide alors d'aller avertir mon père.

— Papa ! Papa ! Papa ! Lève-toi stp, maman est couchée par terre dans la salle à manger, elle est dans son vomi, elle pleure et dort en même temps.

— Elle me casse les couilles, ta mère, j'en peux plus d'elle ! Retourne te coucher !

Moi aussi j'en ai marre, mais je n'ai pas le droit de le dire. Je suis dans mon lit, j'entends mon père parler à quelqu'un au téléphone, mais je ne sais pas qui. Quelques instants plus tard, je vois des gyrophares bleus dans mon jardin. J'ai compris, il a appelé les pompiers. Ils chargent ma mère et ils partent. Comme si de rien n'était, mon père retourne se coucher. Le lendemain, je l'entends parler au téléphone avec mes grands-parents maternels.

— Elle a fait une tentative de suicide.

Suicide, c'est quoi le suicide ? J'ai 12 ans, je suis en 5e et je dois essayer de comprendre ce qu'il se passe. Ma mère ne rentrera que quelques jours plus tard.

J'aimerais vous dire qu'après cet épisode la vie sera meilleure, dans un monde idéal nous serions tous repartis du bon pied. Malheureusement, ce n'est absolument pas le cas. Il y aura la fois où elle disparaîtra en pleine nuit, celle où elle s'ouvrira les veines dans la voiture, celle où elle viendra cuver son alcool dans mon lit et encore bien d'autres histoires sordides. Comme ce soir, où ma mère rentre dans la salle de bain lors de ma douche, elle me dit qu'elle a un problème, elle se penche en avant devant moi, m'expose son anus et me demande de lui dire ce que je vois. J'ai envie de vomir.

Revenons sur cette fameuse nuit où elle a disparu pendant plusieurs heures. Je me souviens avoir été réveillée par des bruits étranges. Je me dresse sur mon lit et j'aperçois une ombre glisser sur les murs de la salle à manger. J'entends ensuite les clefs dans la serrure, OUF ce ne sont pas des cambrioleurs ! J'entends ensuite le moteur de la voiture vrombir. J'entrouvre les volets de ma chambre et je vois notre voiture reculer et partir. Que se passe-t-il encore ? Qui est parti ? À l'évidence pas mon frère, il a 10 ans donc ne sait pas encore conduire. J'entends les gros ronflements typiques de mon père, donc ce n'est pas lui, il ne reste pas beaucoup de solutions. Prise de doute, je cherche activement ma Juliette, on ne sait jamais, des fois qu'elle fut prise d'une envie de liberté. Mais non, elle est bien au chaud dans mon lit. J'en conclus donc que ma mère a pris la poudre d'escampette. Où est-elle allée ? Va-t-elle encore essayer de se suicider ? A-t-elle un autre amoureux ? Si elle essaie de se suicider, elle va sans doute y arriver étant donné que je ne suis pas là pour la récupérer ? Je suis prise d'angoisse et je ne sais absolument pas quoi faire. Je tourne et je vire dans mon lit, j'attends, les secondes deviennent des minutes, les minutes des heures et d'un coup j'entends la voiture revenir. Je suis soulagée, mais personne ne doit savoir que je suis réveillée sinon je vais me faire engueuler. Je simule donc un sommeil profond.

Le réveil sonne, je me lève, je suis fatiguée, la nuit a encore été courte. Personne ne doit rien voir, ni à la maison et encore moins au collège. J'essaie de faire bonne figure, mais les profs commencent à se douter de quelque chose.

Un midi, j'entends résonner par le micro qui donne dans la cour :

— Aby Louis est attendue dans le bureau de l'assistante sociale.

Qu'est-ce que c'est encore cette histoire ? C'est qui elle ? J'en ai marre, je n'ai aucun moment de répit. J'entre dans son bureau et à peine assise, les questions se mettent à pleuvoir. Je fonds en larmes, je suis tellement épuisée, j'ai envie qu'on me laisse tranquille. Je fais ce que je peux pour continuer à avoir de bonnes notes, bon c'est vrai que je n'aime plus trop jouer avec mes copines, d'ailleurs j'en ai plus tant que ça. J'en ai, mais ce n'est pas la folie non plus.

Le midi, je vais soit faire du sport, soit je suis dans le bureau de l'assistante sociale. Et le soir quand je rentre, la valse démoniaque reprend avec plus ou moins d'intensité.

Un jour, je descends du bus scolaire, mon père est là, c'est bizarre normalement c'est ma mère qui vient nous chercher. Nous rentrons à la maison, mon père me signale juste que ma mère est fatiguée et qu'elle a besoin de repos. Je monte dans ma chambre poser mon cartable, je la vois dans son lit. Je me dirige vers elle pour lui dire bonjour, et je vois qu'elle a les poignets bandés. Je ne comprends pas. Elle a dû tomber dans les escaliers, elle doit avoir deux entorses. Je le sais parce que quand j'ai des foulures ou entorses, Maman bande mes blessures. Le téléphone sonne, ce sont mes grands-parents. Ils demandent à parler à mon père. Je me doute bien qu'il y a un truc qui ne colle pas. Je fais alors mine de partir, mais en vrai je me cache derrière la porte afin d'entendre leur conversation. J'entends encore le mot suicide. C'est donc pour ça les bandages ? Mais comment a-t-elle fait ?

J'entends mon père qui explique qu'elle est partie en voiture et qu'elle s'est ouvert les poignets avec un couteau de cuisine.

Je comprends alors qu'elle a vraiment envie de mourir. Même si elle préfère mon frère, je le sais, elle l'a dit, ça me fait mal parce que je l'aime. Alors je fais de mon mieux pour la surveiller.

Il y aura aussi la fois où je serai réveillée par des bruits immondes. Je reconnais la nature des bruits, alors je me précipite vers les W.-C. Je la trouve à genoux, le visage dans la cuvette, en pleurs. Je remonte en courant pour réveiller mon père. Il me répond « qu'elle se démerde j'en ai marre ! ». Je redescends alors et je lui dis qu'il dort et qu'il ne peut pas venir. Je reste alors à ses côtés. En me retenant de rendre mon repas de la veille. Je l'aide à se relever, à monter les escaliers, je la couche et je retourne dans mon lit. Au moment où je vais pour gagner ce sommeil si mérité je sens quelqu'un se glisser dans mon lit. Elle est là : elle, son odeur d'alcool et de vomi. Je me tourne, je mets la tête dans ma Juliette et je me dis que la journée de demain va encore être longue.

Il y aura aussi la fois où nous serons en voiture, elle freine d'un coup sec, me regarde et me dit :

— J'ai envie de mourir. Je me suis déjà ouvert les veines, je peux recommencer à tout moment.

J'avoue volontiers être usée, de me lever la nuit pour savoir si elle dort, boit ou essaie de mourir. Usée de faire comme si de rien n'était, usée d'essayer de quand même être la meilleure en tout. Je suis usée de me demander quand elle décidera vraiment de nous abandonner.

Je suis devant une grande porte en bois massif. Le genre de porte qu'on ne peut pas ouvrir à coup de pied comme dans les films. Elle habille un bâtiment tout aussi imposant qu'elle. Au-dessus de cette grande dame de bois, il y a inscrit : « Tribunal pour Enfants ». Que faisons-nous là ? Les tribunaux c'est pour les punitions, je le sais, Maman me l'a dit. Nous avons dû faire une énorme bêtise…

Mes parents et mon frère sont avec moi. Ils ont tous la mine des mauvais jours.

— Les enfants, une dame va vous poser des questions, surtout ne parlez pas des coups de ceinture, sinon vous ne rentrerez jamais à la maison et vous irez dans un centre spécialisé pour les enfants comme vous.

— Oui, d'accord Papa, on va faire attention, lui dis-je.

— Y a intérêt pour vous.

Ma respiration se raccourcit, je vais bientôt manquer d'air. Je pénètre dans ce grand bureau, mon frère me suit de près. La voix de mon père résonne dans ma tête. Et puis cette dame n'a pas l'air commode. Tribunal, Dame à l'air pas cool, Papa qui nous met en garde… Ça sent la punition à plein nez. Et moi je ne veux pas être punie, alors je fais profil bas. Même très bas… Si je pouvais m'incruster dans le sol ou partir en courant, je le ferais sans hésiter. Mais je dois assurer, je m'assieds donc sur la chaise et j'attends.

— Bonjour, les enfants, je suis une juge pour enfants et je dois vous poser des questions ! Vous êtes prêts ?

— Oui Madame, lui dis-je d'un ton fébrile.

— Très bien, allons-y ! Aby, as-tu déjà reçu des coups de ceinture ?

— Non.

— Et toi, mon grand ?

— Non plus.

C'est bien qu'il ait écouté Papa. On ne sera pas punis.

— Aby, peux-tu m'expliquer ce qu'il s'est passé le soir ou ton père a cassé le bras de ton frère ?

— Oui, on jouait et il est tombé.

— T'en penses quoi, Sacha ?

— Oui c'est vrai, c'est ça.

— Très bien, je note. Est-ce que Papa et Maman se battent ou s'insultent ?

— Non, jamais.

— Très bien. Est-ce que Papa ou Maman vous frappent ?

— Non.

— Boivent-ils de l'alcool ?

— Non.

J'aimerais lui dire ce qu'il se passe. Que Maman me déteste tellement que quand elle va pour me taper elle se mord les doigts. Qu'elle veut souvent mourir, mais n'y arrive pas. Que Papa et Maman font tous les soirs l'apéro. Que l'histoire du bras de mon frère n'est pas due à un jeu. Mais Papa nous a dit de ne rien dire sinon on ne rentrera jamais à la maison. Et moi je ne veux pas aller en prison. J'ai déjà rendu visite à quelqu'un derrière les barreaux, et j'ai pas envie d'y aller à mon tour. Quand j'avais 6 ans, le frère cadet de Maman avait fait une énorme bêtise, il avait eu la brillante idée de braquer le bar du village, je précise quand même que c'était le seul bar du village et qu'il n'avait pas été très compliqué de le reconnaître. Il avait donc écopé de quelques années à l'ombre. Maman m'emmenait le voir régulièrement, c'était « le travail secret », je le sais, c'est Maman qui me l'a dit ! J'ai attendu une indiscrétion d'un soir où j'étais censée dormir, et mon côté fouine m'a fait découvrir que « le travail secret » était en vérité la prison ! Je garde donc le silence sur les faits.

— Les enfants, voulez-vous me parler de quelque chose ? Voulez-vous rajouter quelque chose ?

— Oui, on peut partir ? S'il vous plaît, nous avons répondu à vos questions. Maintenant, on aimerait voir nos parents.

— Oui, bien sûr, on va les appeler.

La juge se lève de son fauteuil imposant, se dirige vers la porte, l'ouvre et dit :

— Madame, Monsieur, vous pouvez rentrer. Au vu des déclarations de vos enfants, vous pouvez les récupérer et rentrer chez vous. Faites attention à vous, les enfants.

— Oui. Au revoir et merci.

Nous partons rapidement, comme si nous étions poursuivis, mais avec un incroyable soulagement. Je ne dormirai pas en prison ce soir, mais dans mon lit. Pour fêter l'événement, nous allons manger dans un fast-food. Génial ! Le soir même, mes parents feront un apéro pour célébrer cette victoire. Je ne savais pas à ce moment-là que cette Dame était là pour nous sauver et non nous punir.

Chapitre V

Nous jouons dans notre chambre, nous avons la dernière console de jeu, nous en profitons. Notre partie sera interrompue :

— Les enfants ! Venez, il faut qu'on vous parle.

Nous nous arrêtons de suite et nous rejoignons nos parents.

— Voilà, nous avons pris la décision de divorcer, nous informe mon père.

Je suis choquée, je ne m'attendais pas à revivre ça une deuxième fois.

— Mais on va vivre avec qui ? demandais-je timidement.

— Avec votre mère, de toute façon je ne suis pas votre père.

Comment peut-il dire ça ? Lui qui s'est si souvent battu parce que de mauvaises personnes disaient que nous n'étions pas ses enfants. Bref, encore une fois on va être seuls, sauf que cette fois on va être seuls avec une mère qui veut mourir. Comment on va faire ? Où on va vivre ? Et mon cheval, que va-t-il devenir ? Et moi, comment je vais tenir sans lui ?

J'ai la sensation de me noyer, j'ai mal à l'estomac, j'ai la nausée, j'ai peur. Je regarde autour de moi et tout à l'air si normal.

Nous allons devoir vendre notre maison, charger notre voiture et partir sans nous retourner. J'aimerais que nous retournions dans notre village d'enfance. Ce petit village médiéval du sud de la France. Nous aurions nos grands-parents, notre père, notre sœur. Finalement, nous aurions peut-être une meilleure vie. Mais je vais devoir laisser mon cheval et ma maman géante. Et oui, je suis une grande, j'ai plus l'âge d'avoir une maman imaginaire. J'avoue que je dors toujours avec ma Juliette.

Il fait froid, le gel tient sur les routes. La brume recouvre la campagne. Du balcon de ma chambre, je regarde ce spectacle qui se veut très mystérieux. Je me retourne, je regarde mon antre, il est rempli de cartons. Nous sommes sur le départ. Innocemment, je suis pleine d'espoir pour cette nouvelle vie. Comme si loin de cette maison, nous allions retrouver nos esprits. Nous chargeons la voiture, nous avons même du mal à fermer le coffre. Une marche arrière, elle fait demi-tour et nous voilà partis. Jusqu'au coin de la rue, je regarde ma maison qui s'éloigne. En route pour un nouveau départ.

Nous voilà arrivés au pied d'un grand immeuble, qui sert en même temps de rond-point. Il y a du bruit, beaucoup de bruit. Nous sommes dans une de ces grandes villes de la côte où certains n'hésitent pas à exposer leur richesse. Nouvel appartement, nouveau collège, nouveaux copains. Bref, il faut encore tout recommencer. La taille de notre nouveau chez nous fait moins de la moitié de notre ancien chez nous. Maman n'a pas de chambre, elle dort dans le canapé, le soir, elle pleure, je l'entends de mon lit. Je ne me souviens pas trop de cette période de ma vie. Je me souviens que rapidement j'avais tissé des liens avec des enfants de mon âge, j'avais même un amoureux. Dans le déménagement, Maman a pris l'ombre avec elle. J'étais assez occupée par mes histoires, j'avais plus très envie de surveiller Maman, après tout elle est grande, elle peut se surveiller seule. Un soir, je me lève pour aller soulager ma vessie. Je la vois assise dans la cuisine avec un verre et un couteau. Je l'interpelle :

— Jamais ça va s'arrêter ?

— De quoi parles-tu, Aby ?

— De ça, de tes verres, de ton couteau, j'en ai marre.

— Retourne te coucher et laisse-moi tranquille, t'es pas ma mère, t'as rien à me dire, dégage ! dit-elle avec une haine dévorante.

Je fais demi-tour instantanément et regagne ma chambre. Je me couche en colère, j'attends de savoir si je vais devoir appeler les pompiers, qui va bien pouvoir veiller sur nous quand elle sera à l'hôpital ?

Il se passe environ 45 minutes et j'entends à nouveau un bruit. Elle est dans les W.-C. en train de vomir. Encore. Je lui essuie le visage et je la couche, j'enlève les bouteilles et le couteau, mon frère ne doit rien voir. Je retourne me coucher, il est très tard, demain nous allons à l'école et je sais que Maman ne se lèvera pas. Mon réveil sonne, je suis épuisée, mais quand il faut y aller, il faut y aller. Je vais réveiller Sacha en faisant attention de ne pas faire trop de bruit. Nous nous préparons, déjeunons sur le pouce et nous voilà partis. Les jours se ressemblent tous, mais surtout ils s'enchaînent. Jusqu'au jour où ma mère nous annonce qu'on déménage. Nous sommes arrivés il y a à peine quelques mois et nous repartons déjà, on va devoir encore tout laisser derrière nous, amis, amour, projet d'un nouveau départ qui n'est resté qu'au stade de projet.

Nous sommes encore dans les cartons, c'est rigolo, car j'avais pas fini de tous les défaire. J'aimerais prendre la situation avec humour et légèreté. Mais je ne peux pas, c'est plus fort que moi, j'ai mal de devoir encore tout laisser. Et mon amoureux, je me voyais déjà finir ma vie avec lui. Et oui, à treize ans, je pensais vraiment avoir trouvé le bon. Ma mère se fichait éperdument de ce que nous ressentions. Elle n'avait plus d'amoureux, même si nous allions voir notre « papa » de temps en temps, elle voulait encore tout changer parce qu'elle l'avait décidé et nous, on avait juste le droit de la fermer.

Nouvel appartement, nouvelle chambre, nouveau collège, nouveaux copains. C'est reparti pour un tour de manège. Pas un manège agréable qui nous fait visiter un des univers Disney. Non ! Plutôt un manège du genre à vous retourner les tripes. Cet été-là, je me rappelle avoir vu mon père, le vrai, à mon anniversaire. Bon, quinze minutes, mais c'est déjà mieux que rien, me direz-vous.

Cette fois, j'ai vidé tous mes cartons, je pense que nous allons rester ici quelque temps. Maman a une chambre, nous avons quand même un joli appartement, dans un endroit calme. Mais les travers de ma mère nous ont suivis. Cette fois, elle n'a plus trop envie de mourir. Je pense juste qu'elle veut que je ne sois plus dans sa vie. Tous les soirs, elle vient nous chercher à l'école, elle demande toujours comment s'est passée la journée de Sacha. Et moi jamais, je suis devenue complètement inexistante. Elle a dit qu'elle préférait mon frère. Je passe parfois la soirée entière dans ma chambre alors que Maman et Sacha regardent la télévision, parfois elle ne m'adresse pas la parole pendant plusieurs jours. Je ne sais pas pourquoi. Le matin, je me lève, je jette sa bouteille, je ne lui dis rien. Mais elle m'en veut pour quelque chose. Le soir, elle vient dormir dans mon lit quand elle a trop bu. Ou alors elle me frappe. Je me souviens d'un soir où elle a frappé si fort, que je n'ai pu retenir ni mes cris ni mes larmes. À tel point qu'une voisine est venue taper à notre porte :

— Arrêtez de frapper ces enfants, sinon j'appelle la police !

— Va te faire foutre, vieille peau ! lui répondit ma mère.

La valse des coups reprend et personne ne vient à notre aide. Quelque part, nous étions soulagés, il n'y avait plus la ceinture comme punition, car Papa n'était pas là. Mais ses coups à elle c'était pas de la rigolade. Elle se mordait souvent les doigts en me disant :

— Aby ! Dégage de ma vue, je vais te démonter !

Pour quel motif ? Aucune idée, mais ça devait être mérité. Un soir, elle me poussa si fort que mon bassin heurta l'évier de la cuisine, j'ai eu un bleu pendant quinze jours.

J'étais bien uniquement quand j'étais à l'école, ma vie était devenue un enfer. Coûte que coûte, il fallait que je m'en sorte, car maintenant c'est moi qui commençais à avoir des pensées étranges. Ma première idée fut la fugue. Mais où aller ?

Mon père « le vrai » ne voulait pas de moi, mes grands-parents étaient trop âgés, mes oncles souffraient du même mal que ma mère et dehors ma mère disait qu'il y avait plein de pédophiles. Le mieux fut d'abandonner le projet. Mes douleurs à l'estomac étaient de plus en plus présentes. Les repas étaient difficiles, sauf quand j'allais chez mes grands-parents maternels. Je me sentais de plus en plus mal dans cette vie et je devais impérativement trouver une porte de sortie. Cinq mois après notre emménagement, j'ai préparé mon baluchon, j'ai appelé une dame, que j'avais rencontrée deux mois avant, apparemment c'était ma marraine. Bref, je lui ai dit ce qu'il se passait et que je voulais partir de chez moi. Elle est donc venue me chercher. Au départ, c'était que pour quelques jours, mais j'avais mis dans mon sac poubelle baluchon de quoi tenir un siège. Dix jours après mon exode, je commençais à m'apaiser, j'avais plus besoin de surveiller personne, personne ne vomissait. Je me sentais enfin bien. Mais je savais que je devrais rentrer un jour alors je profitais de chaque instant.

Chapitre VI

Un soir, j'étais au téléphone avec ma nouvelle meilleure amie, Gisèle, que j'avais rencontrée peu de temps auparavant sur les bancs de mon nouveau collège, mais avec qui je partageais ce genre de relation d'une évidence pure. Nous avions pour habitude de débriefer sur notre journée, quand je reçois soudain le signal d'un autre appel. Je regarde mon téléphone :

— Gigi, devine quoi, y'a ma mère en double appel !

— Réponds-lui, elle a peut-être quelque chose d'important à te dire !

— À cette heure-ci, elle doit être ivre ; et comme d'hab, elle appelle la terre entière pour faire chier le monde. Et ce soir, ça tombe sur moi. Je ne peux plus supporter son alcoolisme. Donc si elle veut parler ou insulter, elle n'a qu'à appeler quelqu'un d'autre. Moi je passe mon tour.

Nous poursuivons donc notre conversation, puis nous raccrochons. Je m'aperçois que j'ai un message sur le répondeur. Je l'écoute, j'entends un râle étrange, un mélange de douleurs, de pleurs, de respirations fortes et de mots confus. Avant la fin du message, je raccroche et envoie un texto à Gigi :

— Banco, elle est tellement ivre, qu'elle m'a laissé un message incompréhensible. Bref j'en ai marre, je l'appellerai demain, il est tard, j'ai sommeil. Bonne nuit, t'adore.

Je suis dans un profond sommeil, quand soudainement je suis réveillée par le bruit du téléphone fixe. Je pense immédiatement que c'est ma mère qui insiste, car elle n'a pas pu me joindre et vu son état elle ne doit pas se rendre compte de l'heure qu'il est.

— Allo… Oui c'est bien moi… Oh mon dieu… Ninou, vite réveille la petite, il s'est passé un drame.

Un drame ? De quoi elle parle ?

— Ma chérie, tu dors ? me dit mon oncle d'une voix douce.

— Non, Tonton, je suis réveillée que se passe-t-il ?

— Viens dans la chambre, on va t'expliquer.

Je prends ma Juliette et je traverse le couloir qui sépare nos deux chambres.

Je vois ma marraine assise au pied de son lit, elle a les yeux rouges et sur ses joues ruissellent des larmes.

Je m'assieds sur le lit, elle me prend les mains et me dit :

— Ma chérie tu vas devoir être forte, ta maman s'est tiré une balle dans le ventre, elle est en train de mourir. Je suis désolée mon ange, mais elle ne passera pas la nuit.

Je garde un silence total, je n'ai strictement aucune réaction. Mais à l'intérieur, c'est une explosion nucléaire, un mélange de colère et de tristesse. Je ne sais pas si je dois pleurer ou crier. Dans tous les cas, rien ne sort, même pas un mot. Mon oncle me supplie de dire quelque chose, de ne pas rester muette. J'ai beau essayer, aucun son ne sort de ma bouche. Moi qui suis d'un naturel bavarde, ce qui m'a valu quelques mauvaises appréciations sur mes bulletins, cette fois impossible de m'exprimer. De toute manière, pour dire quoi ? Qu'elle a été égoïste de faire ça sans penser à nous, à moi, elle m'a abandonnée. Elle passait son temps à critiquer mon père, au final elle faisait pareil, sinon pire. On n'a plus de père, plus de mère, plus de maison. Qu'est-ce que je vais faire ? Et mon frère ? J'ai 14 ans et je n'ai plus que ma Juliette et mes yeux pour pleurer.

Je me lève et sans un bruit, dans un silence assourdissant, je longe le couloir pour rejoindre ma chambre. Je m'allonge, je serre ma Juliette contre moi, j'inspire un grand coup, je mets un mouchoir sur tout ça et je vais essayer de dormir.

Un nouveau jour se lève, un de plus, j'ai tellement l'angoisse de cette journée que je n'ai même pas envie de poser un pied au sol. D'une part parce qu'il est froid, j'aime vraiment pas le froid et d'autre part parce qu'au moment où je vais toucher ce sol glacé ma journée va commencer. Elle va devenir réelle. Alors que si je reste au chaud dans mon lit, si je ne fais pas de bruit, on va m'oublier. Oh ! C'est bien ça, me faire oublier, pas de coup, pas d'insulte, pas d'engueulade, pas de douleur, rien. Juste ma Juliette et moi. Finalement, il ne me reste qu'elle, avant j'avais au moins une belle vitrine. Aujourd'hui, je n'ai même pas de lit. L'endroit que j'ai appelé ma chambre est en vérité la chambre d'ami. Je réalise que je suis SDF, et que je ne sais pas où je vais passer la nuit suivante.

Je prends mon courage à deux bras, oui oui, les mains ne suffisent pas, et je pose un pied au sol. Je regarde par la fenêtre, je vois un oiseau passer, j'ai envie de m'envoler avec lui. Si seulement il pouvait me porter sur ses ailes, comme dans ce dessin animé de mon enfance si cher à mon cœur. C'était l'histoire d'une petite fille pas plus grande qu'un crocus. Elle montait sur le dos des oiseaux pour aller rendre visite à sa famille. J'aimais le regarder, lovée dans les bras de ma mère. À une époque si lointaine que j'avais encore mes dents de lait, où elle avait encore le nom de « Maman », où elle était encore mon univers, bref c'était pas hier.

J'ouvre la porte de « ma » chambre, j'entame doucement la descente des escaliers, j'arrive dans le salon. Ma marraine est dans son fauteuil, mon oncle fait griller du pain dans la cuisine, le feu dans la cheminée réchauffe cette atmosphère si pesante. Je me dirige vers elle. Elle me regarde avec insistance, attendant une réaction de ma part. Je m'assieds sur le canapé après lui avoir fait un bisou. Elle me demande comment je vais. Fidèle à moi-même, je lui réponds avec un aplomb déconcertant :

— Je vais bien et toi ? Tu as bien dormi ?

J'avais brisé mon silence, mais à quel prix ? Réussir à prononcer ces quelques mots m'avait demandé une énergie folle.

Mon oncle sort de la cuisine et nous signale le passage à table, le petit déjeuner est servi. On est dimanche et il nous a cuisiné un véritable festin. Je m'assieds, je regarde cette table digne d'un matin de Noël.

Comme une décharge électrique, un souvenir s'affiche devant moi. Comme si je regardais une émission sur ma vie. Je nous vois tous les quatre à table, un dimanche matin, avec une table très bien garnie, des œufs, du pain grillé, du lait chaud, des odeurs de café, des sourires et des projets simples pour la journée, jouer dans le jardin ou dans nos chambres… À ce moment-là, j'ai encore une chambre, un bureau et un lit à moi. Je nous revois faire des plateaux télé devant un dessin animé. Je nous revois jouer sur le canapé ou encore faire du vélo dans le jardin, ou encore les après midis avec piscine. Les câlins le soir au coucher et le matin au réveil. Après tout, les odeurs d'alcool, les tempêtes c'était peut-être le prix à payer pour avoir quelques moments bénis. Des moments bien loin maintenant. Maintenant, je me couche seule, je me lève seule, dans cette maison où je me sens totalement étrangère. À ce moment précis, j'ancre en moi le fait que je suis seule et surtout que la seule personne sur qui je peux compter c'est moi.

— C'était très bon Tonton, merci.

— Mais tu n'as presque rien mangé Aby.

— Ah bon ? Pourtant j'ai l'impression d'avoir fait le repas du Nouvel An. Merci Tonton, pour la délicate attention.

— Aby, nous aimerions parler avec toi.

— Oui bien sûr, mais de quoi ?

— De ce qu'il s'est passé cette nuit. Nous aimerions savoir si tu sais où aller?

— Non, mais je vais appeler mon père, le vrai, il va sans doute me dire de venir chez lui.

— D'accord, tiens-nous au courant, dit-il sur un ton chaleureux.

Je regagne l'antre qu'on m'a prêté, je prends mon téléphone et compose à reculons le numéro de mon père. Une sonnerie, la pression monte, une deuxième, j'ai du mal à respirer, une troisième, je crois que je vais faire une syncope.

— Allo Binou !

— Coucou, Papa, tu vas bien ?

— Oui et toi ? Comment ça se fait que tu m'appelles de bon matin ?

— Papa, j'ai un problème. Je ne sais pas comment te le dire.

— Ben, vas-y, que se passe-t-il ?

— Papa, Maman s'est tiré une balle dans le ventre cette nuit. Elle est en train de mourir. Je suis chez ma marraine, mais je n'ai pas d'endroit où aller. Mémé et Pépé ont déjà récupéré mon frère, mais leur appartement est petit, il n'y a pas de place pour moi.

— Et donc ? Tu attends quoi de moi ?

— Je me disais que je pouvais venir vivre chez toi, lui dis-je sur un ton hésitant. Je suis majeure dans 4 ans, après je partirai.

— Binou, c'est pas possible, je viens d'apprendre que ta belle-mère est de nouveau enceinte, si je lui dis ça je vais au divorce. Tu comprends ? Je ne peux pas changer toute ma vie, parce que ta mère a encore fait une connerie !

— Je comprends Papa, je vais me débrouiller.

— Bisous, Binou, à bientôt.

— À bientôt Papa.

C'est officiel, je suis dans une mouise internationale. Comment vais-je faire ? Ma mère avait raison au final, il me laisse tomber ! Je suis en train de vivre un des plus grands moments de solitude de ma courte vie. Après quelques minutes à reprendre mes esprits, je me décide à annoncer la nouvelle à mon oncle et ma marraine.

Ils l'accueillent comme ils peuvent. On passe un long moment à se regarder, sans un mot. Je n'entends que mon cœur battre, ou du moins se débattre. Les secondes ressemblent à des heures. Mon oncle viendra briser ce silence pesant :

— Bon Binou, tu vas rester avec nous. Je vais appeler tes pères et ta grand-mère.

— Mais Ninou, je ne peux pas m'occuper d'une ado de quatorze ans, lui répond ma marraine.

— Tu vas arrêter de larver sur ton canapé. Tu vas bouger un peu. Puis elle a quatorze ans, pas trois, donc elle est très autonome.

Je suis gênée, je ne sais plus où me mettre. Peut-être y a-t-il quelque part un trou de souris dans lequel je vais pouvoir me glisser. Aucun trou en vue ni aucune échappatoire. Mon oncle s'isole avec son portable. Je tente d'espionner, mais ne j'entends que des morceaux de conversation :

— On garde la petite ! Tu n'es pas très courageux ! Tu n'as pas honte ?

Je ne saurais jamais qui était de l'autre côté du téléphone. Je ne sais pas combien de temps je vais pouvoir rester ici. Mais chaque jour de passé est un jour de gagné. Puis si je suis bien sage et serviable, peut-être que ma marraine se fera à ma présence, voire qu'elle l'aimera. Je ne me berce pas d'illusions, ma mère n'a pas aimé ma compagnie bien longtemps, alors quelqu'un que je ne connais que depuis seulement quelques mois…

Il faut que je sois forte et que je ne pleure pas, je m'en souviens c'est Maman qui me l'a dit.

C'est lundi, le lundi rime avec début de semaine et école. Le voisin partant travailler non loin de mon collège, il a la gentillesse de m'y déposer. Ce matin-là, je retrouve mon frère dans la cour de récréation. Première fois que je le vois depuis le drame.

— Tu as des nouvelles de Maman ? me demande-t-il.

— Non pas depuis que j'ai appris ce qu'il s'est passé. Si elle était morte, on le saurait. Alors elle doit être encore vivante.

— Tu dois avoir raison, Binou. Bon on se voit à la récré d'après je vais jouer avec mes copains.

— Oui pas de problème je vais voir Gigi.

Gigi est là, en haut des marches d'escalier, comme tous les matins, elle m'attend.

— Alors Binou, comment ça va ? Tu as eu ta mère après son message vocal ?

— Non Gigi, mais je dois te parler de quelque chose.

J'entrepris alors de lui expliquer mon week-end. Gigi me regardait avec des yeux exorbités. Elle n'eut pas de mot. En même temps, comment avoir les mots et surtout les bons ? Nous avons 14 ans, nous ne savons pas comment faire pour aider et consoler. Alors elle eut un geste. Elle me serra fort contre elle.

Cela suffit à me faire un bien fou. Je me rendis compte que cela faisait très longtemps que personne ne m'avait prise dans ses bras. Pourquoi personne ne veut me faire de câlin ? Je sens mauvais ? Je suis méchante ? Je suis mauvaise ? Le soir venu je restais une heure sous la douche à frotter chaque millimètre de mon petit corps. Tout y passa de la tête aux pieds. Même entre les doigts de pieds. Mon oncle monta et me demanda si tout allait bien, il était inquiet, il avait peur que je fasse une bêtise…

Mon oncle était quelqu'un de merveilleux, il m'a appris beaucoup de choses et me menait souvent en forêt pour faire de longues balades. Petit à petit, je commençais à me livrer. Je lui racontais mes souvenirs d'enfance, des bons, des moins bons, des mauvais. Il me parlait de ses enfants, de son enfance, de sa petite fille, de ce qu'il voulait pour moi. J'avais l'impression de compter pour quelqu'un. Il imposa à mon vrai père de me prendre un week-end sur deux. Et pour une fois en 14 ans, il se prêta au jeu. Au final, je commençais à avoir une belle vie. Bon avec ma marraine c'était pas gagné, vraiment pas, mais bon j'avais appris qu'il fallait manger du pain noir, pour savourer le blanc. Alors quand mon oncle était absent, je devais la masser, faire le ménage ou encore laver mes vêtements dans la cuisine d'été, même en hiver. Ce n'est pas grave, il y a bien des choses qui compensent. Les pizzas du dimanche soir, les balades en forêt, les sorties avec les enfants de mon oncle, les week-ends chez mon père. Il manquait des choses, mais dans l'ensemble je ne devais pas me plaindre j'avais un toit sur ma tête et c'était déjà un grand luxe.

La nuit, mes vieux démons revenaient, les cauchemars étaient là. Je me réveillais en sursaut en ayant l'odeur de l'alcool en tête. Parfois, je revoyais aussi certaines scènes, notamment celle où ma mère et ma grand-mère venaient me chercher à l'école avec une arme dans la voiture. Pourquoi me demanderez-vous ? Le frère cadet de ma mère était malade mental d'après elle. Il serait schizophrène. Et ce jour-là, il avait décidé de mettre fin à nos jours. Tout simplement. Après une course poursuite, une bonne dose de peur, l'histoire s'était finie cachée sous le bureau d'un policier dont j'ignore le nom. Des comme ça j'en ai plusieurs à raconter malheureusement, et donc plusieurs qui hantent mes nuits ! Comment un homme aussi gentil que lui a pu finir comme ça ? Je me souviens que nous étions très proches quand j'étais très petite. Et un jour, il a rencontré une femme qui lui aurait « retourné le cerveau ». Je le sais, c'est ma mère qui me l'a dit.

Malgré des nuits agitées et des moments parfois difficiles, les jours passent. Certains biens d'autres moins, mais ils ne cessent de passer. Il paraît que c'est la vie. Ma mère sort de son coma, elle doit tout réapprendre, je pense que ça doit être dur pour elle. Mais ça ne m'appartient pas, pourquoi je vais m'en faire pour une femme qui n'a pas hésité à me laisser tomber ?

Un jour, on me fait aller dans un centre où elle est en convalescence. Elle est là devant la porte dans son fauteuil roulant. Je n'ai pas envie d'être ici, je veux partir. Apparemment, j'ai pas le choix, c'est mon rôle de fille d'être ici. De toute façon, jusque-là on ne m'a pas trop demandé mon avis sur quoi que ce soit, mais bon, on me le dit assez souvent, c'est comme ça et pas autrement.

Nous voilà donc dans sa chambre, elle essaie d'entamer une discussion, mais je suis clairement fermée à l'idée, j'ai rien à lui dire. À l'évidence, elle oui :

— Binou, tu sais, je n'ai pas fait exprès, c'était un accident ! J'ai voulu manipuler le fusil et le coup est parti tout seul.

— Oui d'accord !

— Binou, crois-moi.

Si elle le dit, ça doit être vrai, mais il n'empêche que je lui en veux. C'est plus fort que moi. Ce n'est pas à cause de cette histoire d'arme, c'est un tout.

Depuis quelque temps, j'ai le droit de dormir chez Gigi. Un soir, nous faisions les folles sur son lit. Elle a un lit mezzanine. Nous aimons nous allonger, regarder le plafond et papoter. Les potins, ça nous connaît bien ! Un soir, nous faisons trop de bruit, nous parlons fort et rigolons bien fort. J'entends un pas bien décidé à monter les escaliers. Je commence à me raidir, je sais que ça va péter. La porte de la chambre s'ouvre :

— Eh ben dis donc, ça rigole bien ici ! Allez venez les filles, on passe à table !

— OK Maman, on arrive.

Je descends les escaliers sans grande conviction. Je m'installe à table. On vient de faire les idiotes, on va se faire disputer c'est sûr.

— Alors les filles, comment s'est passée votre journée ?

— Bien Papa. J'ai eu un 16 en histoire.

La conversation se poursuit, personne ne revient sur nos cris et rigolades. Le repas se termine, je me lève pour débarrasser.

— Non, laisse Aby, montez vous amuser !

Voilà ! fin de l'histoire. Rien de plus. Pas de scandale, pas de pleurs, pas de violence. Rien. Je dors souvent chez Gigi, son père fait des confitures, sa mère travaille et elle a un poste important. Elle est une de ces femmes qui portent des tailleurs, des talons hauts et mettent du rouge à lèvres rouge. Elle en impose. Au début, je trouve ça limite bizarre et ennuyant. En fait, ils sont juste normaux. Je commence à le comprendre. Ma vie n'est donc pas La Vraie Vie ! Pourtant jusqu'ici, je pensais que c'était plus ou moins comme ça partout. Mais non, juste chez moi. Raison de plus pour me sortir de là rapidement.

Gigi vit avec ses parents et son frère. Elle part en vacances au ski tous les hivers et chez ses grands-parents l'été. Elle fait de la danse. Elle a une vie super. En même temps, elle est super. Elle est si douce et si gentille avec moi. Elle est mon pilier.

Rien n'est facile, mais je tiens bon. Je commence à trouver un rythme de croisière. Collège, amis, maison… Limite une vraie vie d'ado. Bon on met de côté le fait de laver son linge dans la cuisine d'été en plein hiver, ou encore les massages à minuit… Si on laisse ça de côté, ça devient assez cool. Enfin du répit. Ce dernier sera de courte durée. Un jour après m'être fait opérer des dents de sagesse, ma marraine vient me voir et me dit :

— Tu as une famille à problème, je ne veux plus de ces gens chez moi. Encore moins de ton frère.

— Comment ça tu ne veux plus voir mon frère ? C'est mon frère j'ai que lui.

— Tu le vois à l'école pendant la récréation et c'est suffisant comme ça !

— Pas pour moi, je veux le voir !

— Non Binou, c'est non ! De toute façon, c'est lui ou ta vie ici ! À toi de voir.

Eh bien, c'est vite vu. Je prends mon téléphone, je vais dans ma chambre et j'appelle ma grand-mère.

— Mamie ?

— Oui Binou, tu vas bien ?

— Non, j'ai mal à la mâchoire et à l'estomac à cause des cachets, mais c'est pas le pire. Marraine vient de me dire que mon frère ne peut plus venir me voir ici.

— Pardon ?

— Oui Mamie, elle vient de me dire que je dois choisir entre vous et elle. Mamie, je ne veux pas ne pas vous voir, je ne veux plus rester ici.

— Binou, dis-lui que je viens de t'appeler, que je viens te chercher pour quelques jours et on en parle calmement ce soir avec Papi.

— OK merci Mamie, à tout de suite.

— À tout de suite Binou.

Et voilà un nouveau déménagement en vue ! Encore un changement de vie. J'emménage donc chez Papi et Mamie.

Chapitre VII

Je monte les marches qui séparent la porte d'entrée de notre bâtiment de celle de notre petit appartement... Mon cartable me pèse, mais il est quand même bien moins lourd que ces boulets accrochés à mes chevilles. Ils sont tellement lourds que j'ai l'impression de traîner toute seule la carcasse d'un âne mort. Pas un âne qui broute son foin matin et soir... Non non, un âne qui est clairement abonné au fast-food dix fois par jour. Chaque marche est une épreuve, mais je sais qu'une fois arrivée en haut je serai chez moi. Chez moi, enfin un chez-moi, sans avoir la peur au ventre d'être mise à la rue. Le petit chiot laissé sur le côté de la route aurait-il enfin trouvé un foyer ?

J'ouvre la porte, je la vois, elle se tient là devant la fenêtre, le soleil de cette fin de journée se reflète sur sa chevelure argentée. Elle est plutôt petite, mais c'est une grande Dame. Elle a un regard perçant et froid, mais elle a un cœur immense. Elle est plutôt ronde, mais très fine dans ses manières d'être. Elle est mauvaise cuisinière, mais ses plats sont si réconfortants. Elle a des lèvres très fines, mais a un parler à faire rougir les dockers, en fait elle est tout et son contraire.

De sa bouche fine s'échappe de la fumée, elle se retourne et me jette un :

— Putain Aby tu m'as fait peur, t'es con !

— Bonjour Mamie, je vais bien merci ! lui dis-je en éclatant de rire.

— Oui ben c'est bien, mais moi j'ai failli crever d'un arrêt cardiaque avec tes conneries !

— Pourtant Mamie j'ai monté les escaliers avec la légèreté d'un pachyderme, mon cartable pèse trois tonnes ! Mamie, tu ne devineras jamais quoi ?

— Non, mais j'ai comme l'impression que je vais pas tarder à le savoir !

— Gigi ! Eh ben elle sort avec Jérémy ! Tu sais celui qui a les beaux yeux verts avec les bagues ! Les bagues lui vont trop bien, je suis limite jalouse.

— Tu es jalouse de ta copine qui sort avec un type qui a une gare TGV dans la bouche ? T'es pas sérieuse ?

— Mamie, t'es pas cool ! Il est gentil et elle a l'air heureuse !

— Il manquerait plus qu'il morde !

— Mamiiiiiiiieeee !

— Quoi ? dit-elle en s'étouffant avec la fumée de sa cigarette.

Nous nous regardons et nous partons dans un fou rire, à en avoir des crampes au ventre.

Que c'est bon la légèreté, l'insouciance et les cancans…

— Aby ! Abyyyy !

— Oui Mamie ?

— On passe à table.

Oh mon dieu ! Encore des pommes de terre avec une tranche de jambon. Mais c'est tellement bon de le manger avec elle. Ce soir-là, une énergie particulière se dégage de chacun d'entre nous, malgré la chimio de Papi, les soucis de collège de mon frère, de lycée pour moi, les tracas de Mamie, nous pourrions être tous minés, mais non nous sommes ensemble et c'est super. Les rigolades rythment notre repas et l'amour valse entre nos regards échangés. Le repas touche à sa fin, Mamie me demande de débarrasser la table et de rester avec elle ; elle a quelque chose à me dire.

— Aby, j'ai eu ta mère au téléphone !

Ces quelques mots ont sur moi l'effet d'une bombe, je rentre instantanément dans une colère noire.

— Mamie, j'ai pas envie d'entendre parler d'elle.

— Aby, c'est ta mère !

— Oui ben justement, elle était où quand j'ai eu besoin d'elle ?

— Elle a failli mourir, Aby ! me dit-elle rouge de colère.

— Depuis le temps qu'elle essayait…

— Aby, tu es horrible avec elle !

— Moi, horrible ? C'est une blague ? C'est moi qui ai fait subir des TS à ma fille ? NON ! C'est moi qui suis alcoolique ? NON ! C'est moi qui ai toujours préféré mon fils à ma fille ? NON ! Et j'en passe ! Alors non je ne suis pas horrible, c'est un juste retour des choses. Je ne veux pas savoir si elle est sortie du coma ou pas. Je ne veux pas savoir si elle vit bien sa rééducation ou pas ! Ni même si elle est vivante ou pas !

— Aby, tu n'as pas honte ?

— Honte de l'avoir comme mère ? Si !

— Non, honte de ce que tu dis !

— Mais je dis juste ce qu'on a vécu ! J'ai rien fait de mal ! Donc je ne veux rien savoir !

— Aby, file de suite dans ta chambre, tu es punie !

— Punie ? Pourquoi ?

— Parce que ! File !

Me voilà en pleurs, sur mon lit, blottie contre ma Juliette ! C'est tellement injuste, ce sont les autres qui font des conneries et c'est moi qui suis punie.

Le réveil sonne, j'ai envie de le jeter par la fenêtre ! c'est pas humain, il est 6 h du mat ! Et moi j'ai sommeil et je n'ai pas envie d'aller au lycée ! En plus, on est mercredi, et mercredi c'est sport et arts plastiques ! Youhou super utile pour mon avenir professionnel ! Je n'ai pas du tout l'âme d'une artiste, je le sais ma mère m'a assez rabâché que je dessine mal. L'artiste de la famille c'est mon frère. Elle me l'a assez souvent dit. Et moi je suis… Moi ! Bref, le réveil sonne, il faut y aller.

Mamie est déjà rentrée du travail, avec les pains au chocolat comme tous les matins. Je vais me blottir dans ses bras, j'adore l'odeur de Mamie, elle sent bon, l'eau de Cologne et le tabac ! Un bisou et zou sous la douche ! Un petit-déj' avalé à la hâte et c'est parti pour une journée de lycéenne. Je monte dans le bus, m'assieds près de la fenêtre, j'aime regarder la vie dehors. Je regarde les gens et j'imagine leur vie. Je vois cette maman et cette petite fille main dans la main, l'une est vêtue d'un grand imper noir, de bottes noires et sa mini-elle est vêtue d'un imper mini avec les bottes assorties. Elles ont le même visage, mais on voit aussi clairement leurs différences. Et malgré cela, elles sont accrochées l'une à l'autre et se regardent comme si elles étaient tout l'une pour l'autre. Je regarde cette scène à travers la fenêtre du bus et un rideau de pluie, mais cela n'enlève rien à sa beauté. Qu'est-ce que j'aimerais avoir des appareils photo à la place des yeux pour immortaliser ce moment ! Le bus reprend sa course, arrêt après arrêt, j'arrive rapidement à destination. Je suis hantée par cette image, je m'imagine assez bien à la place de cette petite mini. Je veux les mêmes bottes et surtout la même maman. Je descends du bus, je marque un arrêt, je suis toujours perdue dans mes pensées. Quand soudain je me retrouve inondée, une automobiliste bien intentionnée a eu la brillante idée de rouler à vive allure dans la flaque qui se trouve juste à côté de moi. Me voilà donc devant mon lycée, trempée jusqu'aux os, sans imper mini, sans bottes mini et surtout sans maman pour me tenir la main. J'ai froid, je suis en colère et j'ai envie de pleurer.

— Salut Aby ! Ça va ? Tu viens, on va être en retard !

— Pars devant, j'arrive !

C'est ma copine Claire, elle a le don d'apparaître de nulle part et elle disparaît tout aussi vite.

Je mets donc un joli mouchoir sur tout ça, j'avale mes larmes et me voilà partie pour ma journée trempée. Je dois sourire, personne ne connaît ma vie, personne ne sait rien et personne ne doit savoir.

Avant que les cours commencent, les lycéens aiment se retrouver en groupe. C'est rigolo parce que ça ressemble assez à des groupes animaliers. Il y a les geeks qui ressemblent assez à des lézards à lunettes, les pimbêches, alors elles, ce sont des pintades avec du rouge à lèvres, les « beaux gosses » on dirait des paons qui passent leur temps à faire la roue aux pimbêches, les gothiques qui ressemblent à des chauves-souris et il y a les électrons libres, ils sont de ces animaux solitaires qui ne paient pas de mine, mais qui ont une force incroyable.

Parmi eux, il y avait mon troupeau, nous, on était un savoureux mélange de plusieurs espèces, il y a Claire la fouine qui met son nez dans toutes les histoires et qui sait tous les potins, Marie qui est un petit ruminant tout mignon, mais elle rumine son chewing-gum à longueur de temps, Virginie l'hyène qui rigole tout le temps et moi le poisson-clown, un poisson dans une cour de lycée. Comment vous dire que je ne me sentais pas du tout dans mon élément, mais je faisais bonne illusion. Je ressemblais à ses ados des films, non non, pas les starlettes qui sont super connues ! Plutôt celle qu'on voit en flou au second plan ; vous voyez ? Eh ben c'était moi.

Je mesure 1m63 pour 54 kg. Je n'avais pas d'appareil dentaire ni de bouton. J'étais comme disent les gens « normale ». Du moins, l'enveloppe avait l'air normale. Mais l'intérieur était un vrai champ de mines. Certains garçons s'intéressent à moi, mais moi je ne voulais être qu'avec mon troupeau. J'avais pas envie qu'on me laisse tomber alors je ne leur laissais pas une chance. Pourtant il y en avait un qui était très beau, il sortait du lot, il était adorable avec moi, il me faisait toujours des compliments et quand j'arrivais pas à cacher ma tête des mauvais jours il restait à côté de moi à respecter mes silences. Il avait de grands yeux verts, et un sourire ravageur. Mais non merci. Un jour, il osa poser la fameuse question :

— Aby, est-ce que tu veux bien qu'on sorte ensemble ?

Oh, mon Dieu, comment je vais me sortir de cette histoire ? Si je sors avec il finira par partir et j'ai vraiment pas envie de le perdre alors je prends un ton sérieux et je lui assène :

— Tu sais Nicolas, je préfère qu'on reste amis. Je pense que tu es meilleur en tant qu'ami et puis je ne suis pas très motivée pour t'embrasser.

Dans ma tête cette phrase était plutôt cool, voire drôle ! Mais il n'a pas aimé, il s'est levé et il est parti sans dire un mot. C'est à ce moment-là que je me suis rendu compte qu'il faisait battre le petit morceau de cœur qu'il me restait. Dans le bus, pour rentrer chez moi, j'ai appelé ma Gigi :

— Gigi, tu ne sais pas quoi ?

— Non, raconte !

— Nico, il m'a demandé de sortir avec lui !

— Mais c'était sûr, Aby ! Voyons, tu crois vraiment que le garçon il t'attend devant le portail tous les matins, il te porte ton plateau tous les midis à la cantine quand tu as des béquilles, t'attend à la sortie de ta salle de classe et t'accompagne au bus tous les soirs… juste par amitié ?

— Ben oui, ma foi ! toi tu le fais et pourtant tu ne veux pas mettre ta langue au fond de ma gorge !

— Aby, je suis ta meilleure amie, c'est pas pareil !

— Ben lui, c'était aussi mon meilleur ami !

— Aby, un garçon de 16 ans ne fait pas ça par amitié ! Bon et tu lui as répondu quoi ?

— Un truc trop drôle, mais il n'a pas rigolé ! Je lui ai dit « je préfère qu'on reste amis. Je pense que tu es meilleur en tant qu'ami et puis je ne suis pas très motivée pour t'embrasser ! ». C'est drôle, non ?

— Non Aby, c'est pas drôle ! Tu viens de lui briser le cœur.

— C'est sans doute pour ça qu'il est parti sans parler !

— Tu m'étonnes ! Aby, tu abuses, t'es pas cool !

— Oui ben, ça ira pour le nombre de fois où les gens ne sont pas cool avec moi !

— Aby, lui n'avait rien fait, il voulait juste être avec toi !

— Et il aurait fini par partir comme mes pères, ma mère… Donc c'est mieux comme ça.

— Aby, tu pourras pas faire ça toute ta vie ! Tu mérites d'être heureuse !

— Tant que tu es là, je le suis. Le reste, c'est pas important. Bon, je suis bientôt arrivée, on se texte plus tard. T'adore !

— T'adore aussi ma chérie.

Je suis minée, j'avais pas envie de lui faire du mal et j'ai aucune idée de comment rattraper le coup. Je ne vais pas essayer de lui parler ou de lui écrire. Les mots et moi on n'est pas très amis. Je décide donc de passer à autre chose. Et moi qui pensais que les histoires d'amour c'est comme dans les films… Eh ben non, quand c'est loupé, c'est loupé ! Il n'y a pas 15 chances.

Ma mère est sortie de son centre de rééducation et il paraît que je dois faire l'effort d'aller la voir et être gentille avec elle. Mais clairement, je n'en ai pas envie. J'ai déjà fait l'effort d'aller la voir à l'hôpital et au centre, il ne faut pas non plus en abuser. Bien évidemment, quand je donne ma position à ma grand-mère je me prends un :

— Tu es dégueulasse, Aby !

— Oui je sais, mais c'est comme ça ! Je vais te dire, j'accompagne volontiers Papi à sa chimio ! Je viens volontiers t'aider à faire des ménages, mais ne me demande pas de passer du temps avec elle.

— Aby, tu ne pourras pas l'éviter tout le temps, car un jour elle viendra ici et je ne la mettrai pas à la porte !

— Eh bien moi, je partirai.

À chaque fois qu'on me parle de ma mère, c'est une véritable explosion dans mon corps. Ça me rend malade, j'ai mon estomac qui part en lambeau, il me brûle et se tord dans tous les sens. Pourquoi les gens font du mal et malgré tout il faut être bon avec eux ? Je ne supporte pas l'injustice.

Je pars m'enfermer dans notre chambre, je n'ai pas ma chambre, je partage celle de ma grand-mère avec mon frère et cette dernière. Mon seul coin d'intimité c'était un secrétaire que Mamie m'avait chiné au troc de l'île. Je suis donc enfermé dans notre chambre, mon grand-père rentre :

— Papi, si toi aussi tu t'y mets on ne va pas s'en sortir.

— Non Aby, je ne viens pas te faire la morale, mais ici tout le monde sera le bienvenu, ta mère, ton frère, toi…

— Je sais Papi ! Mais j'ai vraiment pas envie de la voir. Je te jure, je ne me sens pas.

— Aby, tu as bien continué à voir ton père François alors qu'il n'a pas été cool avec toi ?

— Papi, c'est pas pareil et puis je ne le vois pas souvent non plus, regarde, ça doit faire trois mois que je l'ai pas eu au téléphone !

— Aby, juste penses-y, d'accord ? Allez, à la douche !

— Oui Papi.

La douche ou les W.-C., voilà les seuls endroits où on ne vient pas me déranger ! C'est décidé maintenant quand ça n'ira pas j'irai aux W.-C. comme ça personne ne me posera de question et je pourrai m'isoler !

Je suis devenue une vraie boule de nerf, mais je le garde pour moi. Une réelle professionnelle dans l'art et la manière de dissimuler mes sentiments.

J'entends mon téléphone vibrer, c'est Gigi qui m'envoie un texto :

— Aby, tu viens dormir chez moi ce soir ?

— Attends, je demande à Mamie je te dis ça rapidement.

Je ne me donne même pas la peine de sortir de la chambre quand je sors un cri :

— Mamie, je peux dormir chez Gigi ce soir ?

— Non, y'a ta mère qui vient manger !

— C'est une blague ?

— Pas du tout, et tu n'as rien à dire.

Je saisis mon téléphone et tape à Gigi :

— Laisse tomber, ma mère vient manger à la maison, je suis dég… !

— Ce n'est pas grave, la prochaine fois ! Respire, ça va bien se passer.

J'entends la porte du bâtiment se fermer. J'entends des pas lourds monter lentement, la porte s'ouvre !

J'entends la voix de mes parents. Ma mère n'est pas venue seule, elle est là avec mon père. Alors là je ne comprends plus rien ! Ils se sont battus pendant des années, ils se sont insultés et maintenant ils sont main dans la main ! Ma vie est devenue Vidéo Gag ! Je sors de mon antre pour dire bonjour, je suis quand même bien élevée !

— Alors Aby, tu racontes quoi de beau ? me demanda ma mère.

— Rien ! dis-je d'un ton sec et froid.

— Ah ben ça fait plaisir d'être accueillie comme ça, vive l'adolescence ! Heureusement, mon fils n'est pas comme ça ! Hein, mon bébé ?

Je suis folle de rage, mais je les regarde, je souris et je passe à table. Mon corps est là, mais mon esprit est ailleurs, je voulais vraiment échapper à la situation. J'assiste malgré moi à une grosse mascarade. Tout le monde rigole et parle comme si tout allait bien. Le repas se finit, ma mère fait un câlin à mon frère, me dit au revoir et part.

Chapitre VIII

J'ai maintenant presque 17 ans, mon papi va de mal en pis, il fait beaucoup d'allers-retours à l'hôpital. Mamie, elle fait toujours ses ménages, s'occupe de nous comme elle peut. Mon père « le vrai » donne de moins en moins de nouvelles et ma mère ne se gêne pas pour me faire remarquer qu'il m'abandonne encore ! J'ai passé depuis bien longtemps le stade de boule de nerfs, je suis passé à boule de colère.

Un après-midi, Gigi me propose de venir passer l'après-midi chez elle. Nous sommes assez sportives, nous décidons donc de partir faire un footing. Mon père, le vrai, a une maison non loin de chez Gigi, je prends l'initiative de m'arrêter chez lui boire un verre d'eau. Et puis comme ça, je lui présente ma Gigi, c'est mon père et il ne connaît pas ma meilleure amie ! Nous passons le portail, je croise ma belle-mère qui aussitôt dit fortement :

— François, ta fille est là !

Je ne comprends pas sur le moment que notre présence est gênante, on vient juste faire un coucou et boire un verre d'eau. Mon père sort du garage et me dit :

— Binou, qu'est-ce que tu fais là ?

— On s'est juste arrêté te faire un bisou, je me suis dit que tu serais content.

— Binou, on avertit avant de venir chez les gens ! On est en pleins travaux, tu n'as pas choisi le bon moment !

— Mais t'es pas un « gens », tu es mon père, je comprends pas !

— Binou, prends ton verre d'eau et repars chez ton amie.

Je ne dis rien, j'avale mon verre, je regarde autour de moi et mon père nous raccompagne au portail en me disant qu'il est désolé.

J'ai envie de pleurer, Gigi ne sait pas quoi faire, nous rentrons chez elle.

— Ça va les filles ? Vous avez une drôle de tête ! nous demande sa mère.

— Maman, nous sommes passées chez le père de Aby et il n'a pas apprécié, il nous a donné à boire et nous a demandé de partir.

— Ah mince ! Et Binou, tu vas bien ?

— Je ne sais pas…

— Maman, est-ce que Binou peut rester dormir avec nous ce soir ?

— Oui, bien sûr, ma chérie ! Binou, appelle chez toi et tu restes avec nous ça te fera du bien ma petite puce.

— Merci beaucoup ! lui dis-je avec les larmes aux yeux.

Je prends le combiné du téléphone, je compose le numéro de Mamie, ça sonne, mais ça ne répond pas. Je compose alors celui de ma mère :

— Allo, Binou, ça va ?

— Oui, est-ce que Mamie est avec toi ? J'arrive pas à la joindre et j'ai besoin de lui poser une question.

— Oui elle est là, mais elle est occupée, que veux-tu, je peux y répondre ?

— Je voudrais dormir chez Gigi ce soir ?

— Mamie et moi sommes d'accord, mais tu as une voix étrange que se passe-t-il ?

— Rien laisse tomber !

— Binou !

— Je suis allé avec Gigi chez François et il n'était pas content, il nous a demandé de partir.

Ma mère éclate de rire au téléphone :

— Ah ben j'espère que cette fois tu as compris la leçon ! Il s'en fout de toi Aby, il en a jamais rien eu à foutre de toi, pourquoi tu lui cours après ? Il t'a abandonnée quand tu étais petite, quand j'ai eu mon accident, il n'a pas voulu de toi non plus et là il te met à la porte ! J'espère que cette fois tu n'y retourneras pas !

— C'est bon Maman, j'ai pas besoin de ça maintenant !

— Comme tu veux, mais j'avais raison.

Et oui, ça me fait mal de le dire, mais là je suis bien obligée de lui accorder. J'ai un père qui abandonne… Je le sais, c'est ma mère qui me l'a dit.

Ce soir-là je m'autorise à pleurer. Gigi fait partie de ces gens qui consolent extrêmement bien, elle est vraiment la sœur que la vie ne m'a pas donnée. J'avoue que les larmes brûlent moins mes joues quand c'est elle qui les essuie. Elle me conseille de mettre par écrit ce que je ressens, ça pourrait m'aider à me sentir mieux.

Je prends ses mots très au sérieux. Et je garde l'idée dans un coin de ma tête.

La chaleur de l'été se fait sentir, les jours se sont rallongés et l'école n'est pas loin de toucher à sa fin. Nous sommes le jour de la fête des Pères ! Il faudrait que j'appelle mes pères, mais bon y'en a un des deux qui m'a mis à la porte donc je ne suis pas très motivée. Je pense à lui, mais les mots de ma mère résonnent sans cesse dans ma tête. « Binou, il a d'autres enfants, il s'en fout de vous ! » « S'il t'aimait, il ne t'aurait pas abandonné ! » « Tu vas arrêter de lui courir après ! ». Je décide donc de ne pas l'appeler, en même temps il ne le mérite pas ! Je le sais, c'est ma mère qui me l'a dit !

Nous sommes à table, nous sommes tous réunis, presque tous, Papi n'est pas là. Il est très fatigué ces derniers temps, il n'est pas bien, il a beaucoup maigri. Le crabe gagne du terrain. C'est pas juste, Papi est à la retraite depuis peu d'années. Il a toujours beaucoup travaillé, il a fait la guerre d'Algérie, il a été chauffeur routier, maçon, bricoleur du dimanche, père, papi et surtout il fait les meilleures omelettes aux pommes de terre de l'univers. Bon je ne sais pas si sur Saturne ils mangent des omelettes, mais je suis sûre qu'elles ne sont pas aussi bonnes que celles de Papi. Il me manque. Mais le docteur nous dit qu'il est mieux en maison de repos. On engloutit vite notre repas et nous partons lui faire un bisou.

— Coucou Papi, tu vas bien ?

— Comme les vieux, Binou ! Et toi ?

— Oui ça va, Mamie avait fait encore un clafoutis à la cerise en dessert et comme d'hab il était pas bon !

— Pour le coup, je suis bien content de pas avoir dû le manger ! Avec la chance que j'ai, je me serais étouffé !

Nous sommes tous assis au soleil sur un banc dans la cour du centre de soin. Nous échangeons des banalités, mais Papi est trop fatigué, il décide d'écourter notre visite et de regagner sa chambre.

Le dernier jour d'école est arrivé, c'est mon dernier jour avec mon troupeau, après je partirais vers de nouveaux horizons scolaires. Nous profitons de ces derniers moments et nous nous faisons mille et une promesses que nous ne tiendrons pas, mais pour le moment elles nous font du bien. Nous profitons des largesses du dernier jour pour faire l'école buissonnière, nous nous étalons sur la pelouse du parc, les unes collées aux autres, on rêve de nos vies plus tard, j'ai bientôt 17 ans et je dois savoir ce que je veux être.

Sans savoir pourquoi je déclare haut et fort, qu'un jour je serai maman, mais pas n'importe quel genre de maman ! Une maman qui traite bien ses enfants, attentionnée, féminine, indépendante, copine, mais à la fois stricte. Le tout sans alcool, sans suicide, sans traumatisme. Jusqu'ici, je savais que j'aurais peut-être des enfants, mais j'avais tellement peur d'être comme elle, que pour moi la projection était très difficile. C'était décidé, je serai donc une maman, mais pas comme la mienne.

Le retour en bus ce jour-là aura une saveur particulière, comme si je sentais que quelque chose allait se passer. Je ne savais pas quoi, mais je sentais le vent du changement peser sur moi. Je rentre donc chez moi, notre petit appartement est terriblement silencieux. Mamie cuisine sans bruit, mon frère est dans son coin, il joue avec sa console portable en silence. C'est donc dans cette ambiance que j'essaie d'entamer une conversation sérieuse avec Mamie.

— Mamie, as-tu passé une bonne journée ?

— Un jour avec et un jour sans…

— Je sais Mamie, c'est déjà deux jours de passés, je reprends en cœur avec elle. C'était vraiment si mauvais que ça ?

— Aby, tu as quelque chose à me dire ?

— Mamie, j'ai envie de voir mon père !

— Lequel ?

— François !

— Ah ben, tu n'en as pas eu assez la dernière fois ? Tu es vraiment maso, ma pauvre fille !

— Mamie, je ne sais pas pourquoi, mais il me manque, j'aimerais passer plus de temps avec lui.

— Eh ben Aby, dis-lui, moi je peux rien y faire ! me répond-elle avec son éternelle cigarette dans la bouche.

Soudain, l'idée de Gigi me paraît une évidence : je vais écrire une lettre à mon père. Je m'assieds à mon bureau, saisis une feuille de papier et un stylo. Les mots alors se couchent tous seuls sur ce feuillet qui sera plus un récital de reproches qu'une demande de réconciliation. Pourtant au départ de l'action je ne voulais pas ça, mais il fallait bien que cela sorte à un moment donné et puis après tout c'est en crevant l'abcès que les gens cicatrisent et guérissent. Donc tel un chirurgien je décide d'inciser, sauf qu'en bonne débutante maladroite j'ai oublié l'anesthésiant !

Papa,

Je voulais te dire que je n'ai pas du tout aimé la façon dont tu m'as foutu dehors de chez toi quand je suis venu avec Gigi. Tu me dis qu'il faut prévenir avant de venir chez les gens, mais je ne savais pas que chez mon père c'était comme chez tout le monde, je me demande si tes deux autres enfants « Laurinne et Hugo » devront t'envoyer un fax pour venir boire un verre d'eau avec leurs copains.

Je ne pense pas, mais bon c'est à l'image de tout le reste, pourquoi ont-ils le droit d'avoir un « bonne nuit » tous les soirs et moi non ? Pourquoi ont-ils le droit de te voir tous les jours et moi une à deux fois par an ? Pourquoi ont-ils le droit d'avoir des Noëls avec toi et moi non ? Des week-ends et des vacances et moi non ? Pourquoi quand ils sont malades tu es à leur chevet et moi avec le nombre de stages à l'hôpital que j'ai faits je n'ai pas souvenir de t'y avoir vu ? Pourquoi quand Maman a eu son accident tu n'as pas voulu me prendre chez toi ? Tu te rends compte quand même que tu as laissé ta propre fille sans toit sur la tête, tout ça parce que tu avais peur de la réaction de ta femme. Maman m'a souvent dit que c'était elle qui menait la barque, mais je ne me rendais pas compte à quel point.

Comment as-tu pu nous faire ça ?

Bref, il paraît que c'est comme ça et que je ne peux rien changer. Je ne suis pas d'accord avec ça donc j'aimerais qu'on parte sur de nouvelles bases. Que tu respectes ton jugement de garde c'est-à-dire, un week-end sur deux et la moitié des vacances scolaires. Que tu m'accompagnes dans mon sport « oui Papa, je ne sais pas si tu es au courant, mais j'entame ma 8e année d'équitation et 3e de danse ». Que tu participes un peu à ma vie. Un peu le même principe que la vie que tu mènes avec Laurinne et Hugo !

J'espère que tu prendras en compte mes attentes. Parce que ça fait presque 17 ans que j'attends ça et je pense que maintenant c'est le moment.

À bientôt j'espère !

Binou

Voilà une opération simple et concise. Direction l'enveloppe en guise de salle de soins de suite.

— Mamie, tu pourras poster ça demain matin stp ?

— Oui, c'est quoi ?

— Une lettre pour François !

— Oh putain, j'aimerais pas être à sa place quand il va l'ouvrir vu la tête que tu tires et les larmes qui coulent sur ton visage.

— Comme tu dis si bien Mamie. Pleure, tu pisseras moins ! Ben là je vais plus pisser pendant 3 jours.

— T'es con Binou ! dit-elle en rigolant.

— J'ai de qui tenir Mamie !

— T'as raison, allez, arrête tes conneries, pose ta lettre sur le meuble d'entrée, je m'en occupe demain ! Et mets la table stp.

— Mamie, je suis déshydratée, tellement j'ai pleuré et tu veux que je mette la table !

— Personne n'est mort, Binou, alors bouge !

Sans plus discuter, je m'exécute.

Les mots que j'ai couchés sur cette lettre me hantent. Ai-je bien fait ? Va-t-il le prendre mal ? Je suis couchée à côté de ma grand-mère qui elle ne semble pas du tout inquiétée par quoi que ce soit. La chaleur de cette dernière nuit de juin est écrasante et suffocante. Mamie, elle respire à pleins poumons. Je me redresse et j'entre en totale admiration devant ce petit bout de femme qui ronfle aussi fort qu'un camionneur de 130 KG.

Comment fait-elle pour dormir à poings fermés avec ce qui nous tombe sur la tête en ce moment ? Le crabe de Papi le ronge de plus en plus, ma mère essaie de réapprendre à vivre dans sa poussette pour adulte, mon père de cœur essaie de concilier la gestion de sa société et le centre de rééducation, Mamie se lève tous les matins à 4 h pour faire des ménages pour nous nourrir et mon vrai père, lui, savoure sa nouvelle paternité et sa petite vie. Décidément, il y a les uns et les autres.

Nous, nous sommes les autres et dans les autres il y a les uns qui dorment à poings fermés pour recharger les batteries et les autres comme moi qui profitent de la nuit pour faire le bilan de leur vie et finir par « Est-ce que les manchots ont des genoux ? ».

Après une sieste nocturne d'environ 3 h, je suis réveillée par la délicatesse pachydermique de Mamie, un vacarme provient de la cuisine, je me lève en sursaut, je me dirige vers le bruit me demandant combien d'éléphants peuvent rentrer dans 6 m^2.

— Ah, Binou, tu es déjà debout ?

— Ben oui Mamie, je pensais qu'une horde d'éléphants était en train de préparer le petit-déj' !

— T'es con, dit-elle en éclatant de rire. Au lieu de faire la conne, appelle Papi et ensuite on déjeunera.

Je m'exécute et compose le numéro de la chambre d'hôpital de papi. Une sonnerie, deux, trois, quatre… ça décroche :

— Coucou papi, c'est Binou, tu as bien dormi ?

— Biiiiii, yaaaa, ouuuuu grrrrrr !

— Papi ? Ça va ? Je comprends rien à ce que tu dis ?

— Yaaaaa, ouuuuu, grrrr, ffff !

— Papi ? Que se passe-t-il ?

L'angoisse me saisit. Que se passe-t-il ? Soit il a appris à parler une langue morte dans la nuit, soit il y a un gros problème. Ça raccroche. Je rappelle. Une sonnerie, deux, trois…

— Papi c'est encore moi !

— Bonjour, Madame, je suis le voisin de chambre de votre papi, il a eu un problème cette nuit, venez vite ! dit cette voix inconnue.

— Que dites-vous ? Je comprends pas j'ai eu mon papi hier soir au téléphone pour la bonne nuit, il parlait normalement !

— Madame, venez, ne tardez pas, il est très mal.

Je raccroche, d'un bon je rentre dans la cuisine, Mamie me regarde :

— Binou, t'es blanche comme un cul de parisien, ça va ?

— Mamie habille-toi, on doit aller à l'hôpital, Papi ça va pas, je ne sais pas ce qu'il se passe, mais il parle plus et son voisin de chambre m'a dit que ça n'allait pas. Vite, prépare-toi, on y va.

Il nous a fallu moins de 5 minutes pour nous habiller, aller au parking et partir en trombe. Laissant derrière nous mon frère qui venait de se réveiller quand nous avons passé la porte de la maison. Ce n'est pas grave, il a 14 ans, il sait se faire chauffer son lait au micro-ondes.

Ma grand-mère roulait dans un vieux tacot des années 60, le poste CD n'existait pas à cette époque pour lutter contre son angoisse, elle décida de nous mettre la cassette audio de son « Patrick » adoré. Elle me serrait fort la main tout en chantant. Elle avait les yeux qui brillaient, ce qui donnait un éclat particulier à ses iris gris. Cette pauvre voiture devait sentir que nous étions dans l'urgence, car malgré les coups d'accélérateur et de frein de Mamie, sa conduite sportive et son sens de non-orientation, elle ne nous a pas fait fausse route et par miracle nous arrivons à bon port.

Nous nous précipitons au sixième étage, c'est là qu'ils soignent le crabe. Ou du moins, c'est là qu'ils essaient. Nous allons pour rentrer dans la chambre de Papi quand une voix m'interpelle :

— Aby ! C'est bien toi ?

— Oh, mon Dieu Ninou, c'est bien toi ? surenchérit ma grand-mère.

— Avec quelques kilos de plus Mamie, mais oui c'est bien moi !

Ninou est le meilleur ami de mon père (le vrai). Je ne m'attendais pas à le croiser ici. Il a grossi, on dirait un loukoum, mais dans ce tumulte ça fait du bien de croiser un visage familier.

— Alors, Mamie, vous êtes là pourquoi ?

— Ninou, c'est mon mari, il est très malade, on ne sait pas ce qu'il se passe, Aby m'a dit qu'on devait venir rapidement, mais elle n'a pas su me dire pourquoi ! Je t'avoue que je suis inquiète.

— Écoute, je vais me renseigner !

Il rentre dans la chambre où se trouve un homme en blouse blanche. Il ressort la mine blafarde.

— Bon les nouvelles ne sont pas bonnes, il aurait fait un AVC dans la nuit, un médecin va venir vous voir. Je vais rester un peu avec vous comme ça, vous n'êtes pas seules.

— Merci, Ninou, c'est adorable, on va attendre. Sinon ça va ta famille ? Tes petits ?

— Oui, super bien, Nat est toujours secrétaire médicale, et Jérémy et Anthony ont 15 et 13 ans. Ils passent leur temps à se disputer et à s'aimer comme de bons ados qu'ils sont. Et toi Aby, ça va ?

— Oui ça va, je vais avoir 17 ans dans moins d'un mois. Je vis chez Mamie depuis presque 2 ans. On dort à 3 dans une chambre, ma mère ne boit plus, mais elle est en fauteuil roulant, elle passe beaucoup de temps avec son mari (ils s'étaient séparés, mais on a appris il y a peu qu'ils se sont remis ensemble) et ses amis de rééducation, Mamie fait deux heures de ménage tous les matins pour nous payer nos plaisirs, Papi a un cancer, mon père ne nous calcule pas, mais écoute, oui oui, tout va bien.

— Eh bien, celui-là de résumé ! Je reste sur le cul ! Mais tu sais Aby, chez ton père c'est pas la joie je crois qu'ils vont divorcer. Il m'a dit qu'il attendait la fin de la saison des feux et il demanderait le divorce.

— Chacun sa croix, lui répondis-je fermement.

En fait, je n'ai pas envie de parler, je veux juste savoir ce qu'il se passe. Je suis rongée par l'angoisse. Que va-t-il encore nous tomber sur le coin du visage ?

— Mesdames venez, nous allons dans mon bureau, je vais tout vous expliquer.

Nous le suivons.

— Voilà, votre mari est en phase terminale de sa leucémie. Dans la nuit, il a fait un AVC. C'est-à-dire qu'un vaisseau sanguin a cédé dans son cerveau, provoquant une hémorragie. Il ne parle plus, ne peut plus marcher, ni boire, ni manger, mais entend et comprend tout. Je suis très pessimiste quant au pronostic vital de votre époux. Je ne peux pas vous dire si la fin arrivera aujourd'hui ou dans 10 jours, mais je suis sûr qu'il ne passera pas le 14 juillet.

Les mots sont dits. Il ne nous reste pas beaucoup de temps ensemble. Il va falloir en profiter. Mamie appelle une partie de notre petite famille et moi l'autre. Je prends grand soin de ne pas avoir ma mère au téléphone. Nous décidons d'établir des tours de gardes de Papi, comme ça il n'est jamais seul. Je sais qu'elle va venir, mais je ne suis franchement pas chaude pour rester avec elle. Je décide donc de venir en même temps que mon oncle. Il est alcoolique et un peu psy, mais je préfère de loin sa compagnie de toxico à celle de ma mère.

Ninou est parti. Et je ne lui ai même pas dit au revoir. Mais bon, il ne m'en tiendra pas rigueur. Les infirmières ont installé Papi dans une chambre seul, je sais qu'il n'en sortira pas vivant. Un pincement me saisit au plus profond de moi. Nous rentrons dans sa dernière demeure, il est allongé dans un lit en couche. Eh oui, Papi est redevenu un bébé, il le sait et il n'aime pas ça. Je le vois à son regard, il est en colère. Il fait extrêmement chaud dans sa chambre, les seuls mouvements d'air qu'il y a, ce sont les hélices de l'hélicoptère de l'hôpital qui décolle et atterrit en cas d'urgence vitale. C'est donc comme cela qu'il passera ses sept derniers jours.

Chapitre IX

J'ouvre les yeux, le soleil et la chaleur sont déjà bien présents dans notre chambre. Aujourd'hui, c'est un jour particulier, j'ai 17 ans. Dans un an, je serai majeure. Il me reste donc un an à patienter pour avoir la fameuse discussion avec mon père (le vrai). Peut-être qu'il ne voudra plus me parler à la suite de la lettre que je lui ai écrite ? Il reste un an, il peut encore se passer des choses en un an. Secrètement, j'espère.

Cela fait 19 jours que Papi nous a quittés. Le crabe a eu raison de lui, encore une fois j'ai inspiré un grand coup, avalé, mis un mouchoir sur cette peine et j'ai continué. Je suis une grande, je ne dois pas pleurer, les grands ça pleure pas, je le sais, Maman me l'a dit.

Mamie nous a gentiment laissé la chambre de Papi, et Maman nous a acheté de nouveaux lits. Nous partageons maintenant 9 m^2 à 2 et non plus à 3, c'est un grand luxe. Mamie aimerait que je fasse des efforts pour parler à ma mère, mais je n'y arrive pas. Il faudrait que je sois plus souple m'a-t-elle demandé. Ça doit être dur pour elle de nous voir nous déchirer. Je ne suis pas une maman donc je ne peux pas comprendre ce que c'est, mais c'est très difficile, je le sais c'est Maman qui me l'a dit. C'est peut-être parce que c'est trop dur que nous sommes si éloignées ? Pourtant Gigi et sa mère sont proches ? Un jour, ma copine Aurore m'a même dit que sa mère était toute sa vie. À l'évidence, on n'a vraiment pas les mêmes mères. Et moi, quel genre de mère je serai ? À quel âge vais-je rencontrer le père de mes enfants ? Combien j'en aurai ? Est-ce que j'aurai mes jumeaux tant rêvés ? Bref, pour le moment j'ai 17 ans, je rêve de faire des études donc le bébé va attendre un peu.

Mamie m'a préparé un petit déjeuner pour l'occasion, un bon pain au chocolat, du chocolat chaud et un verre de jus de fruits. En tournant la tête vers la gazinière, je vois un œuf au plat dans la poêle. J'adore les matins comme ça.

— Joyeux anniversaire mon Binou joli.

— Merci ma vieille mamie d'amour.

— Allez, gobe-moi tout ça et prépare-toi, à midi on mange au resto avec tes parents !

— Youpi ! dis-je d'un ton dubitatif.

— Binou, s'il te plaît ne commence pas, c'est ta mère, aujourd'hui ça fait 17 ans qu'elle t'a mise au monde. Imagine l'état de ses entre-jambes quand ta tête s'est faufilée hors d'elle ? Elle n'a plus pu s'asseoir pendant 10 jours à cause des points ! Alors ça ne mérite pas un resto ?

J'éclate de rire, Mamie a cette fâcheuse manie de tout tourner à la dérision.

— D'accord Mamie, je le fais pour toi !

— Tu verras Binou, le jour où un enfant sortira de ton corps, on en reparlera.

J'engloutis mon petit déjeuner, je prends ma douche, j'enfile une petite robe bleue que Mamie m'a achetée sur le marché.

— Binou, tu es super jolie, mais maintenant que tu as 17 ans il faut que tu t'épiles les jambes même si tes poils sont blonds.

— Mamie, on va prendre rendez-vous chez l'esthéticienne ?

— Non non, c'est trop cher, t'inquiète pas je gère, je vais t'épiler, moi !

Oh, mon Dieu, je ne sais pas pourquoi je ne le sens pas. Peut-être comme la fois où elle s'est prise pour une coiffeuse avec mon frère et qu'il a fini avec autant de trous sur la tête qu'un terrain après des bombardements. Ou encore depuis qu'elle s'est trouvé un amour pour la pâtisserie, elle nous fait des gâteaux de semoule, ils sont juste horriblement durs, on pourrait sans problème construire un bâtiment qui résisterait à tout. C'est donc avec la peur au ventre et un bol de caramel dans le micro-ondes que je m'installe sur la chaise comme me l'a demandé Mamie.

— Tu es sûre de toi, Mamie ?

— Mais oui ! Oh, Binou, tu me prends pour qui ?

— Eh bien pour Mamie…

— Mais non t'inquiète pas ! Donne-moi ta jambe, je vais commencer par le mollet !

Je m'exécute, elle applique sa mélasse sur mon mollet qui fond immédiatement. Je pense qu'elle m'a tellement brûlée que j'ai perdu mon membre. Je me mets à hurler.

— Oh Binou, prends sur toi il faut souffrir pour être belle !

— Eh bien, moi je veux être moche et poilue ! lui dis-je avec les larmes aux yeux.

D'un coup sec, elle retire sa bande de cire qui emporte avec elle mes poils et ma peau.

— Bon Binou tu es trop fragile, on va arrêter là.

— Quoi ? Tu rigoles, j'espère ! J'ai passé une partie de mon enfance à me faire mettre des tuyaux dans le nez et je n'ai rien dit et tu me dis que je suis fragile. Mamie j'ai une couche de peau en moins et je saigne !

— Ben oui je sais Binou c'est pas ma faute si ta peau ne supporte rien !

— Ton caramel n'était pas trop chaud par hasard ?

— Non mais quand même je sais ce que je fais ! Va te mettre de la Biafine et un pantalon parce que ça fait vraiment moche.

Je m'étais faite toute belle et voilà qu'en 10 min elle avait réussi à me rendre moche et sans mollet ! Et maintenant pour cacher sa bêtise il va falloir que je porte un pantalon en plein mois de juillet ! La journée avait si bien commencé ! Alors non seulement je vais voir ma mère, en plus je suis brûlée et je vais avoir chaud à en mourir. Joyeux anniversaire à moi-même.

Nous arrivons au restaurant, où mon oncle toxico a trouvé un poste de chef cuisinier. Il nous a préparé une belle table.

— Binou, la prochaine fois mets un parka si t'as froid ! dit-il en rigolant.

— Bonjour, Tonton, moi aussi je suis contente de te voir ! Tu as l'air en forme !

— Oui, ça va bien, je suis content de travailler ici, au moins je paie plus le vin que je bois !

À ce moment-là, je ne sais pas si je dois rire ou pleurer. Tout le monde y va de sa petite vanne au sujet de mon pantalon. J'ai envie de leur dire que Mamie m'a brûlée, mais quand je vois son regard me transpercer je décide de garder le silence et de rigoler bêtement à chacune des vannes que je reçois.

La pauvre elle a voulu bien faire et puis je sais qu'elle est très fière, je ne vais pas la faire remarquer devant tout le monde. Ça ne se fait pas, je le sais c'est Maman qui me l'a dit.

Je passe la journée avec le téléphone greffé à la main, comme une prolongation de mon corps. J'attends un appel, pas n'importe lequel, le sien. Celui qui m'a donné la vie, ou tout du moins celui qui a 50 % de mon patrimoine génétique.

— Binou lâche-le ton truc ! Tu es insupportable à regarder toutes les deux minutes si tu as un appel ! C'est ton mec qui doit t'appeler ?

Mon oncle a une façon bien à lui de parler, surtout quand les degrés commencent à monter. Je me sens mal à l'aise, j'aimerais bien rentrer ou partir, mais non je dois rester à table. Je donne donc le change parce qu'au final c'est ce que tout le monde attend de moi. Personne ne me demande ni ce que je veux, ni comment je vais réellement. J'affiche donc un super sourire digne d'une publicité pour du dentifrice de luxe.

Nous sommes déjà à la veille de la rentrée scolaire, une année de plus qui commence. Comme nous sommes très organisées, nous avons attendu le dernier jour des vacances pour faire les courses pour les fournitures scolaires. Mamie et moi partons donc à la grande ville.

Nous passons devant la caserne de mon père et contre toute attente, il est là assis sur le banc dans sa tenue bleue. Nous sommes arrêtées au feu rouge, j'ai donc quelques secondes pour apprécier ce spectacle. Je lui fais un coucou timide par la fenêtre, il regarde dans ma direction, mais tourne aussitôt la tête. La voiture redémarre, je retente l'expérience, mais il ne me voit pas.

— Mamie, tu as vu y'a Papa !

— Oui j'ai vu et j'ai surtout vu qu'il ne t'a pas calculée. Binou, arrête de courir après lui.

— J'aimerais, mais j'y arrive pas Mamie, il me manque, j'aimerais vraiment passer du temps avec lui.

— Non, mais je rêve, tu ne veux toujours pas passer cinq minutes avec ta mère qui t'a mise au monde et qui a toujours été là, mais tu cours après un type qui te calcule pas !

— Oui, mais lui au moins il ne boit pas.

— Binou arrête tes conneries, ta mère ne boit plus alors arrête maintenant.

Je ne dis plus rien parce qu'au final ça n'en vaut pas la peine. Je réalise qu'en fait ce que je ressens n'intéresse personne. Nous allons donc choisir mes fournitures scolaires, mais l'image de mon père assis sur ce banc me hante et me hantera encore pendant des années.

J'aimerais vous dire que je me rappelle chaque détail de cette journée, mais ça serait un mensonge, je ne me souviens que de cette histoire de banc et que ce soir-là après le souper (comme disait Mamie), j'ai eu une forte fièvre. Je n'avais rien du tout à part cette fièvre et des plaques rouges. Mamie m'avait conseillé d'aller prendre une douche bien fraîche pour aider la température à descendre, mais sans succès. De 21 h à 22 h, j'ai eu près de 40° de fièvre. Puis d'un coup, tout est redevenu normal. Mamie en avait donc déduit que c'était le stress de la rentrée. Personnellement, je sentais au fond de moi que quelque chose n'allait pas. Impossible de savoir quoi ? Mais j'en étais sûre que quelque chose allait changer pour toujours.

Le réveil sonne, je le regarde, il est 6 h du matin, j'ai pas envie de me lever, la nuit a été agitée. Les cauchemars se sont succédé les uns aux autres, passant des agressions de mon parrain à cet anniversaire où mon père (le vrai) m'avait fait la surprise de passer me faire un coucou. Je suis dans un semi-coma et les images me reviennent, je me revois assise à table avec mon frère, Mamie et Papi. Quand soudain nous entendons un bruit sourd qui provient de l'entrée de notre bâtiment. Nous sursautons tous et le fou rire que nous avions cesse instantanément. Papi se penche à la fenêtre pour voir ce qu'il se passe et revient en courant.

— Vite les enfants allez dans la chambre, passe-moi le téléphone c'est encore l'autre fou qui vient nous faire chier.

Les bruits ne cessent pas, Mamie vient nous voir et nous dit que tout va bien se passer et que la police arrive. Mais moi j'entends :

— Je vais tous vous crever un par un !

— Mamie, mais c'est la voix de Parrain, qu'est-ce qui lui prend encore ?

— Je ne sais pas Binou, il a dû encore trop boire, mais ne t'inquiète pas la police arrive, ils vont nous aider.

— Mamie, tu n'as vraiment pas de chance, tu as trois enfants et les trois ont des problèmes avec l'alcool, lui dis-je en posant ma main sur son bras.

— Binou, tu apprendras une chose, on ne choisit pas sa famille, on la subit, me dit-elle d'un air dépité.

La police arrive, il ne faudra pas moins de huit personnes pour arriver à mettre les bracelets de fer à ce titan alcoolisé. Encore une fois, nous avons été l'attraction du village. Tout le monde est à la fenêtre et se régale de ce spectacle. Demain au café, nous serons encore au cœur des cancans. J'aimerais tellement une vie simple sans problèmes. J'apprendrais plus tard que ce soir-là, il avait voulu entrer en tapant avec une hache à la porte du bâtiment. Heureusement, cette dernière était en bois, mais du vrai bois d'arbre bien solide.

— Binou, il est 6 h 15 et tu traînes encore au lit ! Secoue-toi un peu, tu vas être en retard au lycée.

Mamie et sa délicatesse viennent d'interrompre la valse des images. Un chocolat chaud, une douche et une touche de parfum plus tard et me voilà dans le bus en direction de mon avenir. J'y retrouve mes copines, nous sommes toutes excitées à l'idée de commencer une nouvelle année.

— Les filles, vous avez entendu les infos ce matin ? nous dit Emilie.

— Non, j'ai déjà eu peu de temps pour me faire une tête potable, alors tes infos ! lui dis-je en rigolant.

— Binou, c'est vraiment pas drôle, des pompiers sont morts cette nuit !

— Oh merde alors ! Mon Dieu, tu imagines les enfants ! Si ça m'était arrivé à moi, je ne sais pas si je m'en remettrais.

Notre conversation est interrompue par la radio et son flash info :

— Mesdames et Messieurs bonjour, bienvenue sur Chérie FM, c'est avec une grande tristesse que nous avons appris le décès de trois pompiers en service commandé. Cette nuit, ces trois valeureux guerriers du feu ont péri dans les flammes à la suite d'un violent incendie dans le nord de notre département.

— Bon ben nous qui étions ravies de cette journée, voilà qui plombe le moral, dit Emilie. Binou, c'est pas ton père qui est pompier ?

— Si si, mais je l'ai croisé hier, il était sur le banc de sa caserne et puis s'il lui était arrivé un truc je serais déjà au courant.

La sonnerie de mon téléphone vient mettre un terme à notre conversation.

— Binou c'est Mamie, tu rentres manger à midi, tu ne me fais pas le coup d'aller manger en ville avec tes copines, me dit-elle sur un ton très sec.

— Ben Mamie je ne comptais pas y aller, pourquoi limite tu m'engueules alors que j'ai rien fait ?

— Je t'engueule pas je te le dis, c'est tout.

Ma foi, elle doit être glandée encore, ça lui passera. Pour nous, c'est l'heure de découvrir qui sera dans notre classe et surtout de découvrir notre emploi du temps. Nous prions fort pour qu'il ne soit pas trop pourri !

La matinée se passe sans encombre, je suis dans la classe de ma copine Emilie et l'emploi du temps n'est pas trop nul donc c'est plutôt un bon début d'année. Le seul inconvénient ce sont les 30 à 40 minutes de bus le matin et le soir. Mais sur la moitié du trajet, il y a mes copines du lycée et sur l'autre des gens de mon village. Il est 13 h quand j'arrive à mon arrêt de bus. Je descends paisiblement, il fait chaud, les cigales chantent, je me sens bien. Je croise Karly. Karly, c'est une de mes plus vieilles connaissances, d'ailleurs je ne sais pas quand je l'ai connue tellement mes souvenirs avec elle remontent à loin. Nous aimons nous dire cousines, car c'est comme ça qu'on s'aime et puis Mamie s'occupe souvent d'elle alors c'est comme de ma famille.

— Karly, comment tu vas ? lui dis-je d'un ton très enjoué.

— C'est à toi qu'il faut poser la question Binou, me répond-elle avec un regard triste que je n'oublierai jamais.

— Ça va, je suis en pleine forme et en plus maintenant je suis dans ton lycée on va pouvoir rentrer ensemble le soir quand nos emplois du temps nous le permettront.

— Oui pas de soucis, mais tu ne devrais pas trop traîner Binou, Mamie va t'attendre pour manger.

— Tu as raison, bisous, ma chérie, on se voit demain au lycée.

Karly repart sans dire un mot. Elle a dû se faire larguer par son copain pour être aussi mal.

J'entame la descente d'une petite ruelle qui mène à notre appartement. D'habitude à 13 h le boucher est en train de ranger sa viande avant la fermeture, le boulanger fume sa cigarette et le bar-tabac est plein d'individus transformés en psychologues de comptoir. Mais ce jour-là, cette petite ruelle d'habitude animée est d'un calme limite inquiétant. Je croise des copines du village qui pleurent, l'une d'entre elles ne me regarde même pas. Je ne comprends pas pourquoi les gens sont si traumatisés pour une rentrée scolaire.

Je pousse la porte de notre petit chez nous, je vois Mamie qui est appuyée contre sa cuisinière, la cigarette à la bouche, le torchon dans la main et les yeux rouges de larmes. Je tourne la tête, je vois mon frère assis sur une chaise, la tête baissée. Je tourne encore la tête, je vois ma mère qui elle aussi a les yeux rouges. Je ne comprends pas ce qu'il se passe, mais la vision de ma mère me met dans une colère noire. Je salue tout le monde de la main et je vais poser mon sac avant de passer à table. Je reste focus sur mon objectif : ne pas péter un câble.

— Binou viens, il faut qu'on parle !

— Franchement Maman, j'ai rien à dire.

— Binou écoute ta mère et viens.

Je soupire, mais je m'exécute. Mamie a parlé, j'obéis. Je me pose sur cette chaise qui sera pour moi ma chaise électrique.

— Bon, que se passe-t-il, je vois bien qu'il y a un problème ?

— Binou, tu sais cette nuit il y a trois pompiers qui sont morts, m'a dit ma mère d'une voix tremblante.

— Oui je l'ai entendu dans le bus ce matin.

— Binou, je suis désolée, mais ton père…

Elle n'a pas le temps de finir sa phrase que je reçois instantanément une décharge. Ma tête tourne, je vois flou, je n'arrive plus à respirer. J'ai l'impression de tomber dans le vide alors que je sens encore la chaise sous moi. Je ne sais plus ce que je fais, mais j'ai envie de hurler. J'ai mal, mon corps me fait mal, les secondes se transforment en heures extrêmement douloureuses. Je me lève, je titube, je déambule. Et d'un coup c'est le trou noir.

Quand je reviens à moi, je ne suis plus chez moi, je suis chez une amie de notre famille, j'ai un chocolat chaud dans les mains, des gens me parlent, me caressent le visage. Je sens mon visage mouillé, de l'eau coule sur mes joues, je regarde en l'air comme s'il y avait une fuite d'eau. J'ai bien regardé le plafond, il n'y a rien et je sens toujours cette eau qui coule, mais d'où vient-elle ? Pourquoi je suis là ? Pourquoi ils sont devant moi accroupis pour me caresser ? Chaque geste qu'ils font me transperce comme la lame brûlante d'un couteau. Je vois leurs lèvres bouger, mais je n'entends rien sauf ce sifflement infernal qui me donne mal à la tête. Quand soudain j'entends :

— Courage, Binou, ton père ne voudrait pas te voir comme ça.

Mon père ? Pourquoi on parle de lui ? Le brouillard s'estompe, le sifflement s'atténue et je me rends compte qu'il n'y a pas d'eau sur mon visage, mais des larmes. Les miennes, je pleure. Moi qui ne pleure jamais. Ce triste constat me ramène dans ma réalité, mon père est mort. Je le sais, c'est Maman qui me l'a dit.

Ma vie vient de s'effondrer. Quelque part dans ma tête je doute, après tout c'est Maman qui m'a annoncé la nouvelle, mais si elle avait encore menti ? Comme la fois où elle m'avait dit qu'elle passerait du temps avec moi et qu'au final elle avait préféré faire l'apéro avec ses amis du moment. Ou comme la fois où elle m'a dit qu'elle arrêterait de vouloir se suicider pour s'ouvrir les veines quatre heures après. Et si elle avait menti ? Je reprends espoir, je demande à Mamie de me mener voir ma mamie couscoussier et mon papi moustache. Pour aller chez eux, nous sommes obligées de passer devant la caserne.

— Mamie arrête toi stp, vite je viens de le voir !

— Quoi ? Tu as vu qui ? Binou, tu me fais peur à crier comme ça !

— S'il te plaît, Mamie, arrête-toi là, je l'ai vu rentrer dans la caserne.

Sans un mot, Mamie se gare, je descends de la voiture en trombe comme pour courir après celui que j'ai tant espéré. Je rentre dans la salle de rassemblement, il y a plusieurs hommes en tenue. Personne ne lui ressemble, pourtant je suis sûre de moi, je viens de le voir rentrer. Un homme se dirige vers moi :

— Bonjour, je peux t'aider ?

— Oui, je cherche mon père. Et je ne le trouve pas !

— D'accord, je vais voir si je le trouve comme s'appelle-t-il ?

— François Louis.

À ces mots, cet homme qui avait l'air si costaud s'effondre en larmes. Un autre arrive et dans un souffle de courage le premier lui dit :

— C'est la fille aînée de François.

En moins de 10 secondes, je me retrouve encore assise sur une chaise avec plein d'hommes autour de moi. Pourquoi tout le monde a le besoin de m'asseoir ? C'est fou ça, laissez-moi debout ! Je n'ai pas de chance avec les chaises en ce moment, ou je prends une décharge ou alors il y a de l'eau sur mon visage. Tout le monde m'observe, m'analyse, m'épie, je crois que je dois avoir un gros bouton pour qu'ils insistent à ce point. Certains tentent de me parler, mais je ne comprends pas leurs mots alors je réponds oui à tout. Un OUI, c'est presque toujours poli. Mamie pénètre dans la salle, je la vois parler à des hommes, mais je n'entends rien et puis si j'avais entendu ça n'aurait rien changé parce qu'en ce moment j'ai la compréhension d'une huître sèche. Elle me prend par la main, me reconduit à la voiture. Elle fait marche arrière quand soudain j'aperçois le banc de mon père. Il y a quelques heures, je le voyais assis là, j'essayais de lui faire un coucou timide, et aujourd'hui il ne pourra plus jamais s'y asseoir. Si j'avais su, je lui aurais sauté dessus, je lui aurais dit que j'étais désolée pour cette lettre, que je l'aimais, je l'aurais retenu. Mais je ne l'ai pas fait. Et je vais devoir vivre avec ça.

Nous arrivons chez Mamie couscoussier. Mamie est assise dans son fauteuil avec la couverture de naissance de mon père, elle la berce comme si bébé François faisait une petite sieste. Papi lui est dans la loggia, il fume une cigarette.

— Binou, viens me voir ! Tiens, prends une cigarette. On sait que tu fumes. Ton père avait un doute, alors prends-en une je pense que tu en as besoin.

C'est dans ces conditions que je fume donc ma première cigarette avec mon papi. Drôle de souvenirs.

Tout le monde pleure, ce qui est normal, me direz-vous ? Mais moi je n'y arrive plus. Je regarde autour de moi, je vois les larmes des uns, j'entends les questions des autres et moi je suis debout, appuyée au montant de la porte et j'observe en silence. Ma tante, la belle-sœur de mon père, vient me voir et me prononce des mots qui resteront à jamais gravés en moi.

— Binou, as-tu besoin de quelque chose ?

Je suis tellement choquée par la phrase de cette femme que je ne connais que peu que je reste silencieuse et lui adresse en guise de réponse un petit sourire.

La nuit tombe, il y a 24 h j'étais une lycéenne qui se prépare pour la rentrée scolaire, et là je me couche et suis devenue orpheline. Je suis allongée dans mon lit et mon cerveau qui était anesthésié toute la journée décide de se réveiller. J'ai passé une journée au ralenti et maintenant tout s'accélère, j'ai revu mes copines, j'ai fait ma rentrée scolaire, j'ai appris la mort de mon père, j'ai vu beaucoup de monde, j'ai vu de la famille que je n'avais pas vue depuis longtemps, j'étais présente quand on a choisi son cercueil, j'ai choisi des fleurs, j'ai pris une douche et au dodo. Je ne réalise toujours pas ce qu'il s'est passé. Je me rends juste compte qu'il manque quelqu'un dans mon lit, Ma Juliette. Cela fait plusieurs mois que je l'ai rangée dans mon tiroir. Je suis une grande j'en ai plus besoin, mais ce soir-là, il me la faut. Je décide donc de la sortir de sa tombe et de la serrer fort contre moi, je chuchote à son oreille de tissus que plus jamais je ne la laisserai dans le noir. Je me blottis contre elle et la jeune fille de 17 ans que je suis, disparue sous un flot de larmes silencieuses. Mon frère vient de s'endormir, il n'est pas question que ma peine le réveille.

J'essaie de trouver le sommeil, mais dès que je ferme les yeux je vois mon père se débattre dans les flammes. Il m'a donc été impossible de trouver le sommeil. Finalement, ce qui me fait le plus souffrir n'est pas tant sa mort, mais la manière dont celle-ci est arrivée.

Les rayons du soleil traversent les volets de notre chambre, les bruits de la rue viennent jusqu'à moi accompagnés de la bonne odeur du pain. J'entends Mamie qui « trafique » dans la cuisine en écoutant la télé. Tout à l'air si normal, mais la réalité me rattrape aussi violemment qu'un coup de poing en plein visage.

— Madame, Monsieur bonjour, il s'appelait François Louis, il était pompier.

Un bruit sourd provenant de ma tête m'empêche d'entendre la fin de la phrase, je fonds instantanément en larmes. Elles coulent si fortement que je peine à garder les yeux ouverts, j'ai l'impression de me noyer dans ce flot qui ne s'interrompt pas. Au bout de ce qui me semble une éternité, je décide de me lever. Mamie se dirige vers moi et me sert fort contre elle.

— Allez viens boire quelque chose, avec toutes ces larmes tu vas finir par te déshydrater.

C'est bien la première fois où je n'ai pas envie de rire à ses blagues. Elle fait comme elle peut pour me soutenir, mais je crois que personne ne peut plus rien faire pour moi. Je ne tiens plus debout, je ne peux plus rien avaler, ni liquide ni solide.

Je passe des heures assise à côté de son cercueil comme si j'essayais de rattraper le temps perdu. Ce fameux temps qu'on n'aura plus. Ma tête posée sur son lit de bois je rêve, je me souviens, de ce jour où il avait voulu m'acheter une Barbie et où je lui avais répondu avec la gentillesse d'une ado :

— Mais Papa je suis au collège et ça fait bien longtemps que je ne joue plus à la Barbie !

Ou cette fois où il m'avait dit « je t'aime » et que j'avais gardé le silence, ou encore la fois où nous étions à table mon frère servait de l'eau à tout le monde et arrivé au tour de mon père, ce dernier cria :

— Arrête gaga ! Si ça continue, je vais faire un coma hydraulique !

Ce qui avait valu un sursaut de mon frère et une douche gratuite pour ma belle-mère. Ou encore cette fois où nous étions en voiture et il me disait qu'on parlerait tous les deux quand j'aurais dix-huit ans. Soudain, je me rends compte que nous n'aurons jamais cette conversation, et voilà encore une vérité qui fait l'effet d'une bombe.

Ces souvenirs me font du bien, car ils sont la preuve de moments vécus et ils me font si mal à la fois. Moi qui pensais avoir du temps devant moi, le temps de réparer nos erreurs, le temps de lui parler de mon mal-être, de cette chose que certaines personnes appellent le conflit de loyauté, de notre relation. Mais le temps est fini pour lui et je sens en moi que je ne veux plus de ce temps s'il n'est pas là. On m'a dit que le plus dur ce sont les premières fois : le premier jour, la première nuit, la première semaine, le premier mois, le premier Noël, le premier anniversaire. Cela fait à peine 3 jours, je souffre tellement, comment voulez-vous que je me dise « ça ira mieux dans un an quand les premières fois seront passées ».

Étrangement, le fait que son lit de bois ne soit pas encore sous terre me donne un espoir, un but. Car il est encore là, physiquement, je le touche, même si ce n'est que du bois, mais ça me rassure. Je sais que je dois en profiter demain, c'est l'heure des au revoir. Alors en attendant j'allonge ma tête sur son lit éternel et je ferme les yeux.

On y est, c'est le grand jour, pas le genre de grand jour où on porte une robe blanche et que tout le monde nous regarde les yeux pleins de larmes. Non, le genre de grand jour où en effet tout le monde nous regarde les yeux pleins de larmes, mais on est tous habillés en noir et la star du jour est dans une boîte recouverte d'un drapeau bleu, blanc et rouge.

Pour l'occasion, je me dis que je dois essayer d'être jolie, il me vient alors la brillante idée de me maquiller. Tout être sensé ne se serait pas aventuré sur ce terrain-là, mais j'ai perdu la raison il y a quatre jours alors à moi le fard à paupières, crayons et mascara. Autant vous dire que le flop fut immédiat. Mes larmes emportèrent avec elles ma tentative d'embellissement. C'est alors moche, le visage bouffi et les cheveux en bataille que je vais lui dire adieu.

Il y a au moins mille personnes, et même si j'habite pas très loin de Marseille, je vous garantis que je n'exagère pas. Il fait une chaleur incroyable, lourde, suffocante, je pense qu'on doit être aux portes de l'enfer. La police fait le tri entre les familles, les pompiers, les badauds. On nous appose un badge avec inscrit notre identité et notre fonction. Sur le mien, on voit inscrit :

« Aby Louis, fille de François Louis ».

Les mots étaient posés « Fille de ». Comme si on officialisait sa paternité, à voir les regards des gens autour de moi et les réflexions pas très discrètes de ces derniers jours. Je comprends vite que notre présence était tombée dans l'oubli. Et celui qui avait activement participé à notre création ne s'en était pas vanté. Mais c'est le temps des adieux alors je ne lui en tiens pas rigueur.

Mon papi me tient par le bras, je ne sais pas s'il fait ça pour m'empêcher de tomber ou si c'est pour qu'il ne tombe pas lui. Ma mamie, comme elle n'est plus elle-même, elle ne cesse de pleurer et de dire « mon bébé est parti ». Mon oncle est complètement prostré dans son mutisme, sa femme fait comme elle peut pour nous aider tous, ma belle-mère n'arrive pas à garder les yeux ouverts et ses parents pleurent comme si c'était leur fils qui était mort. J'ai l'impression de regarder la scène de haut, je nous vois, je vois nos larmes couler et celles qu'on avale par pudeur.

Le Premier ministre ouvre le bal des discours, puis vient nous saluer, le Préfet le suit de près, suivi par le discours de divers chefs dont je ne connais pas le nom. Ils parlent tous un français parfait, mais je ne comprends rien à leurs mots. Je lutte pour ne pas tomber, il fait chaud, très chaud, nous sommes en pleine canicule, nous sommes vêtus de noir, le soleil est presque au zénith et il n'y a pas un coin d'ombre. Quand l'appel aux morts retentit, j'entends un pompier crier : « Louis François » et un autre lui répond tout aussi fort « MORT AU FEU ! » Mon sang se fige, se glace, un frisson parcourt mon corps qui s'engourdit aussi vite. « Il faut que tu restes debout », voilà ce que me murmure la petite voix dans ma tête. C'est extrêmement difficile, mais je tiens bon, je peux le faire. Je dois le faire. Après les diverses allocutions, la foule se disperse, ce n'est qu'un court répit avant une deuxième cérémonie. Dans ce mouvement de foule, je me sens complètement perdue quand soudain je vois ma Gigi, je pensais qu'elle n'était pas venue, car nous avons cours aujourd'hui. Mais Gigi étant Gigi, elle est là, elle me prend dans ses bras. Ma vue se trouble, les larmes sont de retour, j'ai chaud, mon cœur s'accélère, ma respiration aussi, quand soudain je tombe à genoux. Mais Gigi est là, elle me retient, à cet instant précis j'ai compris qu'elle était mon pilier.

Il est presque 14 h quand nous arrivons au crématorium. Nous avons déjà subi trois cérémonies, deux civiles et une religieuse et maintenant nous enchaînons avec la dernière cérémonie, je ne comprends pas ce que les gens disent, je vois juste une haie d'honneur avec des casques de pompiers nous ouvrir un chemin qui mène à la chambre de crémation. C'est mon père, donc je l'accompagne sans savoir réellement ce qu'il y a au bout de ce chemin. Nous arrivons dans une pièce aux murs jaune pâle, il y a une sorte d'élévateur blanc qui porte le cercueil de mon père face à une petite porte carrée en métal. Le maître de cérémonie nous informe de l'imminence de la mise au feu et nous invite à un ultime adieu. J'embrasse pour la dernière fois son lit de bois avant de le regarder disparaître dans le four. À l'ouverture de la petite porte de métal, une chaleur intense vient se heurter violemment à mon visage. Trou noir. Je reviens à moi, je suis assise sur une chaise, quelqu'un me fait de l'air et ma tante me met un sucre dans la bouche. J'ai l'impression de me réveiller après un cauchemar, mais les visages en face de moi me ramènent instantanément à la réalité. Je suis épuisée, mais la journée n'est pas encore finie. Nous devons aller mettre ses cendres en terre.

Il est environ 17 h quand nous pénétrons dans le cimetière, le cortège est tellement long que l'allée centrale n'est pas assez grande pour accueillir tout le monde. Il y a une table sur laquelle est posée l'urne de mon père. Un CD de son chanteur préféré est installé sur cette dernière, à l'intérieur on peut y voir une photo de famille, ma belle-mère, ma sœur, mon dernier frère et mon père. Mon frère Sacha et moi nous ne sommes pas de la famille, nos photos ne sont donc pas les bienvenues. Je ne peux plus supporter et sans rien dire je fais donc demi-tour et l'envie de rentrer chez moi devient obsessionnelle.

— Binou, où tu vas ?

— Je rentre Tonton, je suis pas un pantin ! Regarde, il y a même le chien sur la photo, Sacha et moi, on n'existe pas ! Comme on nous l'a bien fait comprendre, notre place n'est pas ici alors je vais rentrer chez moi, là où est ma place.

— Binou, tu restes là, tu es sa fille, son aînée, ta place est ici avec nous. Je sais que tu es blessée, mais c'est ta belle-mère qui a fait ce montage, pas nous, alors s'il te plaît, reste.

— Que se passe-t-il ? demande Roger, le frère de ma belle-mère.

— Il se passe que Sacha et Aby sont les éternels oubliés et que c'est pas très sympa de ne pas avoir mis de photo d'eux pour partir dans la tombe avec leur père, répondit sèchement mon oncle.

— C'est pas faute d'avoir voulu, mais on n'en avait pas, répondit-il d'un ton sec.

— Tiens, Roger, en voilà deux, lui dis-je en lui tendant nos dernières photos d'identité.

Il me les enlève des mains, les pose sur l'urne et retourne auprès de sa mère et sa sœur. Je me rends compte que je n'ai aucune légitimité, qu'il y a deux clans, nous et eux. Je garde mon ressenti pour moi, je dépose une fleur dans la tombe et je sors de cet endroit.

La journée touche à sa fin, Papi moustache me ramène chez moi.

— Binou mange un peu, il faut que tu prennes des forces. Tu vas devoir être forte, le plus dur reste à venir !

— Merci Papi pour ton encouragement ! Toi aussi mange. Bisous Papi.

Il n'y a que 16 marches entre la porte d'entrée du bâtiment et celle de notre appartement, mais j'ai l'impression que cette ascension est pire que celle du Mont-Blanc. Mamie m'attend de pied ferme dans la cuisine, elle a toujours sa cigarette à la bouche et son torchon à la main.

— Alors Binou, comment ça s'est passé ?

— Honnêtement, je ne sais pas, bien je pense, mais je ne sais pas.

— Comment ça, tu n'y étais pas ?

— Mais si, mais je ne sais pas comment un enterrement peut bien se passer, surtout quand le défunt, ton père, est mort brûlé et qu'on l'incinère derrière. C'est quoi l'idée ? Pour être sûr qu'il soit bien mort ? Donc je répète, je ne sais pas. Ça s'est passé et voilà. Mamie, s'il te plaît, tu peux éteindre la télévision, je ne supporte plus d'entendre parler de sa mort.

La mort de mon père est partout, sur toutes les chaînes, locales et nationales, dans les journaux, au cœur de toutes les conversations. C'est infernal même quand je vais acheter le pain j'entends les commères :

— Regarde Joséphine, c'est la fille aînée du pompier, tu sais, celle qu'il a eue avec la fille Potier.

Ou encore : Oh la pauvre, regarde, elle a les yeux rouges, c'est dommage, elle qui a de si jolis yeux en amande.

Ou bien encore : Mon Dieu, on dirait qu'elle porte la misère du monde sur ses épaules, cette pauvre gamine.

Ou ma préférée : Eh ben déjà qu'elle n'était pas gâtée avec sa mère, il a fallu qu'elle perde son père. Elle va devenir droguée alcoolique comme la famille Potier. Elle a quoi ? 17 ans et elle est déjà foutue.

Ils ont sans doute raison, j'ai 17 ans et je suis foutue : mère alcoolique suicidaire, père mort, un oncle maternel prisonnier, drogué, alcoolique et schizophrène, et l'autre oncle alcoolique et drogué. Ce tableau ne donne pas envie, mais au milieu de ce tas de personnes à la dérive, il y a Mamie qui essaie tant bien que mal de garder le cap. Elle lutte contre le vent de la drogue, la marée de l'alcoolisme et pour le moment le bateau flotte encore un peu. Je me couche donc avec une envie de vivre de plus en plus faible et une envie de le rejoindre de plus en plus forte.

Depuis que je suis petite, ma mère me parle de cette force qui nous guide tous : Dieu. Certains soirs, elle nous fait même prier. Elle a également tenu à ce que nous ayons une éducation religieuse, j'ai donc fait mon catéchisme ainsi que mes communions. J'ai appris que Dieu ne mettait sur notre route que ce que nous pouvions supporter. Il m'a pris pour un boxeur de 120 kg ! Il a dû se tromper, car je pèse 54 kg pour 163 cm. Mais il s'est dit : elle, elle est forte, ça va le faire !

Je pense qu'il a vu trop gros pour moi. Je ne suis pas aussi forte que ça et je suis en train de mourir à petit feu sous le poids de ces épreuves. Un jour, Maman m'a dit « quand la vie est trop dure, prie, Dieu t'écoutera ». Alors ce soir-là, je prie :

— Dieu ou Jésus ou Papa ou quelqu'un, j'en ai marre c'est trop dur, je ne peux plus supporter cette vie, mon corps me fait mal, mon cerveau n'a plus de répit, je suis épuisée. Et mon père me manque, j'ai rien qui me donne envie de vivre dans cette vie. Si quelqu'un m'entend, venez me chercher pendant mon sommeil.

Cette nuit-là, le rêve et la réalité se mélangent. Je suis dans mon lit avec ma fidèle Juliette et un instant après je me retrouve dans une cave et train de me noyer. Je me débats, je suffoque quand tout à coup tout devient paisible, mon père est près de moi, il me prend la main, nous commençons à marcher vers le haut, je me vois même dormir. J'ai l'air si bien, je me sens si bien, je marche main dans la main avec celui qui m'a tant manqué. Autour de nous, tout devient blanc, lumineux, cotonneux, une odeur de fleur flotte dans l'air. Il me regarde avec douceur, il me prend dans ses bras. Tout est parfait. Soudainement, mon père me dit :

— Je ne peux pas faire ça, tu dois retourner d'où tu viens ! Tu as une vie à vivre !

— Mais Papa, je veux rester avec toi, je ne veux plus te quitter. Je t'aime.

— Je sais Binou, moi aussi je t'aime, mais tu dois rentrer.

Il me lâche la main, je tombe, mon cœur s'emballe, je sens que je vais m'écraser et j'ouvre les yeux. Je suis dans mon lit, tout le monde dort profondément, il n'y a pas de bruit dans la maison. J'ai juste fait un mauvais rêve ! Je prends ma Juliette, je la serre fort et je me rendors.

Chapitre X

Il s'est passé 1 mois depuis ce terrible jour, j'ai dû reprendre le chemin de l'école et faire semblant d'avoir une vie normale, mais le soir quand je rentre, les images du camion brûlé me reviennent et avec elles l'angoisse et les pleurs. Ce soir, ma mère est présente, elle mange chez nous, je n'en suis pas ravie, mais en même temps on ne me demande pas mon avis alors je ne dis rien. Je m'assieds dans le fauteuil de Papi, quelle ne fut pas mon erreur. Ma mère rentre dans le salon et me demande de me lever, car c'est le fauteuil de son père et qu'elle a envie de s'y installer. N'étant pas d'humeur compatissante, je lui fais comprendre que je suis installée et que je compte y rester. Le ton monte rapidement quand elle me sort une phrase que j'oublierai jamais :

— Tu ne peux pas comprendre, moi c'était mon père et il est mort !

J'avais envie de lui dire que le mien était en train de faire une partie de boules, mais je n'ai pas eu le courage et je me suis laissé submerger par mon chagrin.

— Pourquoi pleures-tu encore ?

— Parce que moi aussi mon père est mort et ça me rend triste !

Elle entra dans une colère noire, une colère si violente que mes mots peinent à la décrire. Elle m'attrapa par le bras, me secoua comme on secouerait un pommier pour récolter ses fruits, me balança sur le fauteuil de Papi et m'asséna de violents coups. Je ne saurais pas vous dire ce qui m'a fait le plus mal : ses coups ou ses mots.

— Tu n'as pas honte de comparer mon père qui s'est sacrifié pour nous tous à ta merde de géniteur qui t'a abandonnée ? J'ai honte de toi, Binou ! Et tu devrais toi aussi être crucifiée par la honte ! Je ne veux plus jamais te voir pleurer pour un homme qui t'a abandonnée, plus jamais ! De toute façon, tu es faible et tu le resteras toute ta vie !

Ma mamie nous sépare, je peux enfin regagner ma chambre. Cela faisait quelques années qu'elle ne « m'était pas tombée dessus » comme elle se plaisait à le dire. Je me souviens que parfois elle se mordait les doigts avant de nous frapper et quand elle avait fini elle nous disait que si elle avait mal aux mains c'était de notre faute, car si on n'avait pas « bronché » ça ne serait pas arrivé.

J'aimerais tellement que tout cela cesse. Plus de hurlements, plus de coups, plus de larmes, juste du calme.

Écrasée sous le poids des larmes, je sombre, sans dîner. À ce qu'il paraît « qui dort, dîne » alors pour ce soir ça sera un festin de roi pour moi toute seule.

Encore un matin, un de plus qui s'ajoute à la liste de tous ceux déjà passés. Il n'est en rien différent, un réveil qui sonne, une douche, un pain au chocolat acheté par Mamie, un lait chaud, un bisou et direction le lycée. Aujourd'hui devrait être un jour particulier, depuis le drame je n'ai pas remis les pieds à l'école, c'est un peu comme une deuxième rentrée scolaire sauf que je connais déjà mon emploi du temps. Cette journée a donc un goût de déjà-vu. À une exception près, je suis orpheline et ça, il va falloir l'expliquer. Je pénètre dans l'atrium, après avoir passé 10 minutes devant le portail de mon lycée à me demander si je devais y aller ou pas. Une grande inspiration, une dose de courage et je rentre. À peine ai-je passé la porte de cette grande bâtisse, qu'une voix annonce au micro.

— Chers élèves, en mémoire de François Louis, sapeur-pompier professionnel décédé il y a un mois, et pour montrer notre soutien à sa fille Aby Louis scolarisée dans notre établissement, nous observerons une minute de silence à 10 h.

Instantanément, mon teint si pâle vire au rouge écarlate, ce qui trahit immédiatement mon identité. Et voilà, j'étais l'inconnue de service et maintenant je suis la pauvre orpheline. Un jour, j'arriverai à me débarrasser de ces étiquettes. J'en ai un peu trop à mon goût.

La vie a repris peu à peu son cours, j'ai maintenant un petit copain, il est gentil et il a une voiture, c'est un adulte. D'ailleurs moi aussi bientôt dans quelques semaines. Cette année a été parsemée de disputes avec ma mère, de sorties avec mes amis et mon chéri, de confidence avec ma Gigi, bref une vie presque normale d'une ado presque normale. Finalement, j'ai presque réussi à rentrer dans un moule. Vous savez celui dont tout le monde parle. Celui où on ressemble à tout le monde et n'importe qui à la fois. La seule chose qui me différencie encore un peu c'est quand on me pose la question :

— Alors c'est toi, la fille du pompier mort ?

Je réponds immédiatement : « non mon père n'est pas mort, il est juste perdu, il va revenir un jour ou l'autre ». Étrangement, ça coupe court à toutes conversations. Et moi, depuis que je suis intimement convaincue qu'il va revenir un jour, mon sommeil est bien plus reposant.

Un soir de mai, nous sommes, Mamie et moi, en grande conversation. Un sujet très important nous anime, dois-je me faire couper les cheveux ou pas ? Frange ou pas ? Mamie n'hésite pas à me faire remarquer que si je me fais une coupe au carré avec une frange je vais ressembler à Mireille Mathieu ou à un Playmobil. Mamie est très inspirée pour faire des comparaisons étranges. De plus, elle a l'art et la manière de critiquer, cuisiner et fumer en même temps. C'est mon idole. Ce soir, c'est menu gastro, poireaux à la crème et jambon blanc. Le même menu qu'il y a deux jours et que dans deux ou trois jours. Mamie a beaucoup de talent, mais clairement pas celui de la cuisine. Ses plats sont faits avec amour alors ce sont les meilleurs de la terre. Je me régale à la regarder manier ses ustensiles, je suis en totale admiration devant ce petit bout de femme. Quand la porte de chez nous s'ouvre, je passe de l'admiration à la désolation quand je vois ma mère rentrer.

— Eh bien que se passe-t-il, on vous entend rire depuis la rue ?

— Oh rien de bien méchant, ta fille hésite entre ressembler à Mireille Mathieu ou un Playmobil !

— Quoi ? Me dis pas que tu veux te couper les cheveux ?

— Bonjour Maman, et oui j'aimerais bien !

— Non, il en est hors de question !

— Je vais avoir 18 ans dans deux mois, je fais ce que je veux !

— Non je crois pas ! Tant que tu vivras sous mon toit, c'est moi qui décide !

— Mais tu oublies un truc ma chère mère, lui dis-je d'un ton narquois, je ne vis plus sous ton toit depuis plus de 2 ans ! Donc c'est Mamie qui décide !

— Jocker, les filles !

— Mamie, s'il te plaît, dis quelque chose ! Et toi Maman, tu n'as rien à dire en fait ! Je fais ce que je veux, c'est même moi qui paie et si je veux revenir la boule à zéro je le ferai !

— Amuse-toi à ça, je te renie !

— Que ton dieu t'entende ! Enfin une bonne parole !

Je pars me réfugier dans ma chambre quand soudain une pulsion me prend et sans rien contrôler je fais marche arrière et la regarde droit dans les yeux en lui disant :

— Tu as perdu tout droit sur moi le jour où tu as dit que tu préfères ton fils à moi ! Oui oui, ne me regarde pas comme ça comme si tu ne savais pas de quoi je parle ! Quand on habitait au château, je t'ai entendu parler avec Papa, mais j'étais trop petite pour dire les choses, alors j'ai pleuré et je me suis tue ! Mais c'est fini, je suis grande et si je veux me couper les cheveux je le fais et tu n'as rien à dire !

— Tu es grande ? Toi ? Pauvre France, on aura tout entendu ! Madame se prend pour une adulte parce qu'elle a trois poils entre les jambes ! Si tu es si adulte pourquoi t'assumes pas que ton père soit mort brûlé ? Ah, tu la ramènes moins ta science, là ! Madame, je sais tout parce que je vais à l'école !

Elle s'avance vers moi, me colle à l'évier et surenchérit :

— Tu as oublié un détail. Moi, peu importe ce qu'il s'est passé, je ne t'ai jamais abandonnée, tu peux en dire autant de ton géniteur ?

Non, je ne crois pas ! Tu te revendiques adulte, mais tu vas encore à l'école comme les merdeuses de 17 ans ! Tu crois tout savoir, mais tu ne sais rien du tout, tu es une pauvre fille, voilà ce que tu es ! Et ma grande, me dit-elle en me lâchant, ton père est mort brûlé ! Et c'est tout !

— Non ! Ne dis pas ça !

— Si, je le dis, parce que c'est vrai ! J'ai parlé à des psys : il faut que tu consultes en urgence, tu as 17 ans et tu te comportes comme ta sœur de 6 ans. Assume !

— Arrête de dire des choses pareilles !

— Non j'arrêterai pas tant que tu ne te seras pas mis ça en tête.

— Mais si j'ai pas envie de me dire ça, laisse-moi tranquille, et puis de toute façon tu mens parce que j'ai moi aussi parlé à des gens, eh bien figure-toi qu'il est mort intoxiqué et après il a brûlé ! Et si pour mieux dormir j'ai envie de croire qu'il est perdu, eh bien ça me regarde.

— Et toi tu crois tout ce qu'on te dit. Il a brûlé, point final !

— Bon c'est pas que je veuille vous couper les filles, mais on va manger, interrompt Mamie.

— Non pas moi Mamie, je vais me coucher !

Qui dort dîne, pour moi ce sera ramadan surprise pour ce soir.

À la suite du décès de mon père, la machine juridique s'est mise en route. J'étais mineure, ma mère s'est donc occupée de tout ; mais la majorité arrivant à grands pas, je dois m'y intéresser.

Alors nous avons au menu, en entrée : un procès contre x pour non-assistance à personne en danger ; en plat principal : un procès contre x pour comprendre les circonstances de sa mort ; et en dessert : un procès contre ma belle-mère pour une question d'héritage. Eh oui, nous ne sommes pas ses enfants, nous n'avons donc droit à rien. Je n'ai même pas encore goûté un de ces plats que j'en ai déjà la nausée. À ce qu'il paraît, j'ai pas le choix, alors voilà que je suis obligée de suivre ma mère et de manger chaque morceau en sa compagnie. Les rendez-vous sont aussi imposants et horriblement indigestes qu'un plat de choucroute périmé servi le matin au petit déjeuner. Je vous laisse donc imaginer mon enthousiasme quand ma mère vient me chercher à la sortie du lycée pour nous rendre chez l'avocat. Voilà donc ma vie à 18 ans moins 10 semaines : lycée, copains, copines, avocat, notaire, juge, tribunal, cimetière le dimanche… Un programme qui fait rêver.

Nous sommes début juillet, Mamie a tenu à nous envoyer en vacances chez ma mère et mon beau-père. Ils ont repris une société de réparation de bateau, et après avoir vécu quelque temps dans un mobil-home, et ensuite dans un appartement ils ont décidé de louer une villa avec plusieurs chambres. Je ne suis pas ravie d'être ici, mais dans quelques jours on va fêter mes 18 ans. Ma mère m'a promis une belle fête et Mamie me demande de faire des efforts alors je m'y emploie. Je passe mon temps dans le hangar à faire des vidanges avec mon beau-père et mon frère qui joue à l'ordinateur avec ma mère. Ça me rappelle étrangement notre enfance au château. Le dimanche, mon beau-père me levait à 4 h ou 5 h pour aller vendre des objets aux marchés aux puces pendant que ma mère et Sacha restaient à la maison. Il fallait que je le fasse pour apprendre la valeur de l'argent, j'avais un cheval, mais il coûtait cher, c'était un peu ma manière à moi de participer. Le dimanche midi, nous rentrions de notre périple, j'avais le droit de compter notre caisse, nous faisions moitié-moitié. Ma moitié retournait à l'envoyeur pour participer aux frais d'entretien de mon meilleur ami poilu !

C'est donc tout à fait résignée que j'observais le manège qui se jouait. Et j'en rigolerais presque :

— Alors, ça va bien ? On ne vous ennuie pas trop avec notre bruit de percussion ? dis-je en rentrant dans le bureau.

— On ne joue pas du tout, dit ma mère en rigolant.

— Si Maman, moi je joue au solitaire, répondit mon frère.

— Moi je ne joue vraiment pas, je suis en pleine recherche d'appartement !

— Ah bon ? Vous allez encore déménager ?

Mes parents sont comme ça, ils déménagent souvent, très souvent, trop souvent. Ma mère a même développé tout un système pour économiser sur ses déménagements. Elle arrête de payer son loyer en cours dès la demande de préavis déposée. Certes, elle ne récupère pas sa caution, mais elle économise pour payer la caution suivante. Se déclarant bien sûr femme seule handicapée, elle a donc les moyens de se payer des petites maisons avec jardin.

— Mais non Binou, on vient de finir de s'installer, on y est bien ! Non, je cherche pour toi !

— Hein ? Pour moi ? Mais moi je vis chez Mamie !

— Oui, mais tu vas avoir 18 ans dans quelques jours, Mamie est fatiguée, elle a plus l'âge de s'occuper de toi, elle en a bien assez fait ! Et puis moi à 18 ans j'avais mon appartement !

— Maman, ça compte pas, tu avais un studio dans la villa de Papi et Mamie et tu étais tout le temps chez eux.

— Binou, il y a quelque temps c'est pas toi qui te vantais d'être une adulte ? Eh bien là, tu as l'occasion de le prouver !

— Mais Maman, je suis à l'école, je n'ai même pas encore passé mon Bac ! Je vais faire comment pour payer mon loyer ? Et Mamie, elle connaît tes projets ?

— Non Binou, elle ne sait pas encore, mais je vais être honnête avec toi, Mamie revient vivre avec ton frère près de chez nous.

— Non, mais je rêve c'est quoi cette histoire ? Mamie va vivre près de chez vous ?

— Oui, et ton frère revient vivre avec nous.

— Et moi dans tout ça ? Vous habitez quand même à deux heures de route de chez nous ?

— Tu as deux solutions : ou tu reviens vivre chez nous, mais étant donné que tu es majeure tu participes aux frais courants, ou tu prends ton appartement.

— Donc j'ai le choix entre la peste et le choléra ?

— Écoute, suite à la mort de ton père, tu vas avoir 491 € par mois et 790 € tous les 3 mois. Tu vas avoir la vie de rêve chez toi et puis si tu t'en sors pas on sera là pour t'aider. Je vais déclarer à la CAF que je paie ton loyer et je te verserai les aides qu'ils vont m'allouer. Puis de toute façon, on a rendez-vous le 20 août pour visiter un appartement.

Voilà comment j'ai appris que je devais prendre mon envol.

Nous voilà donc le 2 septembre 2004, il est 14 h, je suis devant une vieille bâtisse, il y a un agent immobilier et ma mère. Nous avons déjà visité ce petit studio, mais aujourd'hui c'est le jour où je reçois les clefs. Ma mère est tout enjouée, moi je dissimule mon angoisse sous un joli sourire.

Nous pénétrons dans ce qui est en train de devenir mon chez-moi. C'est un grand studio de 45 m^2, nous y retrouvons une petite pièce qui fait office de salle d'eau et W.-C., une grande pièce noire sans fenêtre encore dans son jus de 1830, et enfin la pièce de vie refaite avec des placards, un coin cuisine, et la seule et unique fenêtre. Malgré la pièce noire, il est pas trop mal. C'est ma mère qui l'a choisi, puis elle dit que pour le prix il est très bien. Nous signons le bail de location et me voilà donc livrée à moi-même dans un chez-moi avec un vieux clic-clac vert à fleurs et une télé que ma mère m'a donnée, une commode que ma grand-mère m'a donnée, une table, quatre chaises et une gazinière achetée chez l'Abbé Pierre et un frigo premier prix. En guise de machine à laver, j'ai une main droite et une main gauche qui feront l'affaire. Ma mère a le sourire jusqu'aux oreilles, elle a l'air si contente, mais je ne sais pas pourquoi je n'éprouve pas du tout la même chose. J'ai qu'une envie c'est de la laisser là où elle est ! Après tout, c'est son choix, pas le mien. Mais c'est elle qui me laissera là. J'ouvre ma valise, range mes affaires, mange un bout, douche et dodo. Heureusement, ma Juliette est encore là pour veiller sur moi.

La nuit fut longue, le réveil silencieux, trop silencieux, pas de Mamie, pas de petit déjeuner, pas de câlin, pas d'odeur de cigarette. Rien, juste moi, Juliette et mon bol de lait au chocolat. Le bourdon me prend, je saute dans un short, je traverse la rue et je vais voir Mamie. Que c'est bon de la voir !

— Alors Binou, ta nuit dans ton nouveau chez-toi ?

— Bof…

— C'est tout ? Toi qui étais si contente d'être majeure, tu ne peux pas me dire que tu regrettes quand même ! Parce que tu en avais envie de cet appartement !

— À l'évidence, Mamie, on n'a pas eu ou vécu la même chose, c'est Maman qui m'a fait prendre cet appartement, car tu pars chez eux !

— C'est pas tout à fait la version que j'ai, c'est toi qui préfères rester ici avec ton mec plutôt que rester en famille !

— Mais pas du tout, Mamie ! Moi ce que je préférerais c'est qu'on reste ici tous les trois.

— Ta mère a encore fait ses plans comme elle voulait elle !

— Oui, et on s'est bien fait avoir l'une et l'autre !

Mamie est contrariée, moi aussi, mais on ne peut plus faire marche arrière, Maman a annoncé à mon frère qu'il revenait vivre chez elle pour finir ses études. Mamie a donné son préavis de départ et moi j'ai mon boui-boui. Même pas une heure après la découverte du fameux pot aux roses, Maman nous rejoint et nous partons faire quelques magasins, Mamie m'achète mes premiers torchons ainsi que ma table à repasser et Maman le fer qui va avec. J'investis également dans des verres et des assiettes. Une fois de retour, je rentre tout ranger chez moi avec Mamie. Nous partageons ce moment dans un silence limite religieux. Maman ne tarde pas à nous rejoindre avec une surprise. Pour briser ma solitude nocturne, elle a eu la brillante idée de m'offrir un lapin nain. Me voilà donc dans mon studio avec pour compagnie mon doudou et mon lapin. Mon chéri n'aime pas cet appartement. D'ailleurs, il me l'a dit dès le début : « Moins j'y viendrai et mieux je me porterai ». Comme je le comprends.

Chapitre XI

Je n'arrive pas à m'y faire, cela fait un mois que je vis dans cet endroit et je n'arrive pas à me sentir chez moi. Pourtant il y a bien mon nom sur la boîte aux lettres ainsi que sur les factures que je reçois. Je ne pensais pas que ça coûtait aussi cher de vivre seule. Ma mère m'avait pourtant dit que c'était le nirvana, une liberté totale. Certes, mais encore une fois, le prix à payer est trop lourd pour moi. 491 €, voilà ce que j'ai pour financer ma liberté. Le loyer, l'électricité, le gaz, le téléphone, la mutuelle, la carte de bus pour me rendre au lycée, la cantine et ma nourriture. Eh oui, je suis un humain donc je mange ! Sans compter mon petit Kenny, un lapin ça mange aussi et pas que les fils électriques. Les journées sont lourdes, je n'arrive plus à suivre à l'école, je suis trop préoccupée. Comment je vais faire pour payer tout ça ? Naturellement, la phrase de ma mère sur son aide financière me revient. Sans plus attendre, je profite d'une récréation pour l'appeler.

— Ça va Maman ?

— Oui et toi ?

— Bof pas top, je ne m'en sors pas, où ton histoire de la CAF ? Quand pourras-tu me verser les sous dont tu m'as parlé ?

— Je te demande pardon ? Tu m'appelles uniquement pour me ponctionner du pognon ? T'es pas sérieuse ?

— Mais Maman je ne m'en sors pas, j'ai 491 € par mois et plus de 600 € qui doivent sortir, comment veux-tu que je fasse ?

— Et les 790 € tous les 3 mois ? Et l'argent de la mort de ton père ? Tu en fais quoi ?

— Ben les 10 000 € sont bloqués sur un compte géré par le juge des tutelles et tu le sais très bien que je ne les aurai qu'à mes 21 ans. Pour le reste, eh bien je n'ai rien touché pour le moment, donc je suis à découvert et la banquière m'appelle pour combler le découvert, car j'y ai pas droit. De plus, je dois trouver un stage pour valider mon année sinon je ne peux pas passer mon BEP.

— Écoute, tu vas pas commencer à me gonfler avec tes comptes d'apothicaire, nous avons eu de gros frais scolaires pour ton frère. Il commence une école hôtelière, donc nous avons dû débourser pas mal d'argent pour l'inscription, les tenues et les couteaux. Donc si on peut on t'aidera le mois prochain.

— Comme d'hab ! Bref, bonne journée.

Et voilà ma journée d'école est foutue, je suis démoralisée, je ne sais pas comment faire et la seule chose qui importe pour ma mère c'est l'école hôtelière de mon frère. Eh oui moi j'ai choisi d'aider les gens, c'est bien moins prestigieux qu'être chef étoilé dans un grand restaurant. Je voulais être médecin, mais c'était trop cher, je voulais être infirmière, mais vu la tournure que prennent les choses si je finis femme de ménage ça sera déjà pas si mal. C'est toujours un moyen d'aider les autres.

Les journées et les mois suivants vont tous ressembler à cette journée, des dialogues de sourds avec ma mère, des conflits sans cesse, au lycée je suis bonne élève, mais mes problèmes financiers me rattrapent toujours et pour ne rien arranger, si je veux voir mon chéri je dois moi aller chez lui. Il vit encore chez ses parents parce qu'il ne travaille pas et il dit ne pas avoir besoin de travailler. Effectivement, Papa et Maman lui donnent de l'argent de poche en plus de son chômage. Ils sont gentils, ses parents, mais quand je vais chez eux, c'est-à-dire très très, trop souvent nous mangeons des pâtes, des pâtes et des pâtes. Me direz-vous, c'est mieux que de ne rien manger du tout. D'ailleurs, j'avoue que s'ils n'avaient pas été là, je me serais souvent couchée la faim au ventre. Mon chéri n'est pas un gros travailleur, il ne veut pas quitter le cocon familial, mais je l'aime quand même. Ma mère ne change pas d'un iota, au contraire, elle a dû recommencer à boire, car maintenant elle appelle tous les soirs, que je sois chez moi ou chez mon chéri. Quand elle n'arrive pas à me joindre sur mon portable, elle appelle sur celui de Seb ou sur celui de ses parents. J'ai bien essayé de lui expliquer qu'à 22 h 30 tout le monde dort, mais elle s'en moque, elle veut me parler. Pour rien me dire à part des choses ignobles. « Mauvaise fille, mendiante, tu me fais honte… »

J'essaie de tenir comme ça jusqu'à ce que j'aie mon BEP, pour la suite on verra. Il faut juste une bonne dose de courage et d'acceptation et en juin ça ira mieux.

Un soir, je suis tranquillement assise sur mon canapé dans mon boui-boui avec mon ami lapin quand le téléphone sonne.

— Ouais c'est moi, tu es chez toi ou chez ta merde qui te sert de mec ?

— Bonsoir, Maman, que veux-tu encore ? Il est 22 h, j'allais me coucher.

— Ah, Son Altesse Royale n'est pas disposée à parler, bravo pour le comportement que tu as avec ta mère !

Là, c'est trop, je passe de blasée à une colère noire.

— Tu sais quoi ? J'en ai marre de toi, tu me saoules à m'appeler tous les soirs pour me rabaisser. Tu crois que tu es quoi toi, chère mère ? Une femme dépendante de son mari, handicapée qui vit sur le cul de la CAF. Alors OK je ne suis pas la femme que je rêvais d'être, mais je ne suis pas toi et franchement ça me va à merveille ! Cela fait plusieurs mois que je suis à découvert, que je ne peux pas payer toutes mes factures parce que tu gardes les sous de MA CAF et tu te permets de me faire une réflexion parce que je vais chez Seb ? Eh bien fais, en attendant s'ils étaient pas là, y'a bien longtemps que j'aurais sombré, alors fous-moi la paix ! Je ne veux plus jamais entendre parler de toi ! C'est bel et bien fini ! Tu n'existes plus pour moi, tu n'es plus ma mère, de toute façon une mère comme toi ça ne sert pas à grand-chose ! Je ne peux plus supporter tout ça… Stop ! Stop ! Et stop !

Je ne lui laisse même pas le temps de répondre, je raccroche et éteins mon téléphone sur le champ. Je suis soudain envahie par un sentiment étrange que j'ai très peu ressenti jusque-là, du soulagement. Je sens en moi cette vague d'apaisement qui m'endort instantanément.

Aujourd'hui, c'est décidé, je prends ma vie en main, du moins je vais essayer. Je vais commencer par faire mes papiers à la CAF pour avoir une aide pour payer mon loyer. Je me rends vite compte que pour pouvoir faire mes papiers je vais devoir sécher les cours. Mais pas le choix si je veux remonter mon découvert. Je dois aussi me renseigner auprès du CCAS si j'ai droit à des aides. Une fois tout ça terminé, j'inviterai mon chéri à manger à la maison. La journée s'annonce longue, mais après ça ira bien mieux. Un petit-déj' sur le pouce, un trajet en bus plus tard et me voilà devant une femme qui est clairement le sosie d'une porte de prison. Et c'est à elle que je dois expliquer ma situation.

— Bonjour, je suis Aby Louis, je viens faire une demande d'APL. Je suis locataire depuis le 1er septembre 2004, ma mère a déclaré qu'elle payait le loyer donc elle touche des aides de votre part pour ça. Mais il s'avère que c'est moi qui paie alors j'aimerais maintenant percevoir les aides moi. De plus, j'ai 18 ans, je suis encore au lycée et j'aimerais savoir si j'ai droit à des aides ?

— Alors pour commencer, vous allez remplir ce document, ensuite vous nous le déposerez avec les pièces demandées. Nous avons un délai d'instruction de 2 à 3 mois avant de vous donner une réponse. Pour le reste, vous avez moins de 25 ans, vous n'avez donc pas l'âge de prétendre au RMI. Voilà, revenez quand tout sera bon. Bonne journée. Personne suivante !

Je reste complètement interloquée par ce que je viens d'entendre ! Là, ça va vraiment se compliquer. Bon. Step by step, je vais d'abord m'occuper de ce dossier, ensuite j'irai voir ma banque. Il faut que je trouve une solution. Et le repas en amoureux de ce soir, ça sera des pâtes à la carbonara. Eh oui faute de grive on mangera des pâtes, encore !

Je rencontre le même succès à la banque qu'à la CAF, ma banquière est navrée de ma situation, mais elle ne peut pas toucher au compte bloqué par le juge. Donc j'ai de quoi tenir plus d'un an sans trop de soucis, mais je dois attendre d'avoir 21 ans pour les avoir. J'ai même pas encore 19 ans.

Le seul répit de cette journée sera ce fameux repas, pâtes carbo en amoureux. Je préfère ne pas aborder mes problèmes et laisser une note de légèreté. Durant cette soirée, mon esprit se perd dans le vert de ses yeux et je repense à nos débuts, à nos premiers moments, à l'insouciance qui nous animait, à notre première fois. Ah ! Ma première fois. Je me souviens de ce moment comme si c'était hier, de nos deux corps entremêlés, de nos respirations haletantes, des caresses, de la musique et surtout ce désir qui brûlait en moi. Tout mon corps et mes sens étaient en émoi. Mais ma tête n'était pas là, du moins pas tout le temps. Mon esprit se perdait entre l'envie et la honte. Ma mère disait que les jeunes filles qui couchent rapidement étaient des putes. Et moi je m'apprêtais après 3 mois de relations à devenir l'une d'entre elles. Je l'aimais, j'avais envie de lui, mais je ne voulais pas être une fille facile. Elle me disait qu'il fallait attendre, mais combien de temps ? C'est quoi le bon âge pour ça ? J'ai 17 ans et demi c'est plutôt bien ? Non ? Et pour ne rien arranger à ce flot de questions et de doutes je me rends compte que nous sommes le jour de l'anniversaire de ma mère. De quoi mettre un gros coup de frein à mes envies. Étant de nature assez douce et calme, il est parvenu à calmer mes angoisses et sans forcément m'en rendre compte nous avons passé un cap.

— Ça va mon cœur ? Tu es bien silencieuse ? Tu as l'air préoccupée ?

— Oui oui, ça va bien. Je divaguais un peu, rien de spécial, ne t'inquiète pas.

— D'accord, le repas était très bon. Tu sais que je ne veux pas dormir ici, dormir dans un clic-clac c'est pas top pour moi. Je t'aide à débarrasser et ensuite je rentre chez moi.

Je ne sais pas pourquoi, mais ses mots ont sur moi l'effet d'une décharge électrique. C'est pas bon pour lui, mais à l'évidence pour moi oui ? Je lui en veux de cette maladresse. En même temps, ce n'est pas lui qui est responsable de cette situation. J'avoue que j'aimerais qu'il m'aide, mais il n'est pas très motivé pour ça donc je ne dis rien, j'acquiesce et je débarrasse la table.

J'ai 19 ans aujourd'hui, j'aimerais fêter cet événement avec mes amis, mais Seb n'est pas tout à fait d'accord avec ça. Il préfère qu'on le fasse en deux fois, une fois avec ses amis et puis si je veux, je le ferai avec les miens. C'est donc naturellement qu'une dizaine de personnes envahissent mon studio. L'ambiance n'est pas mauvaise, je suis assez gâtée. Seb vient de m'offrir un home cinéma, les copains des cartes cadeaux. Le gâteau est bon, le digestif aussi. Dans l'ensemble, tout va bien. Comme dans toutes les soirées, les accidents arrivent. C'est donc maladroitement qu'un ami renverse un verre, je m'empresse de nettoyer et d'aller mettre ma nappe dans la machine quand soudain Seb me rejoint. Il a le regard vide.

— Mon cœur, faut qu'on parle !

— Oui, que se passe-t-il ? La soirée ne te plaît pas ?

— Si si, ça va, c'est pas ça. C'est nous.

— Nous ? On a un truc qui ne va pas ?

— Non, oui, je sais pas. Je crois que je t'aime plus. Je te quitte. Bonne fin de soirée.

En moins de cinq minutes je me retrouve seule, il est parti avec tout : les amis, les boissons et mon lapin. Je croyais que c'était une mauvaise blague alors je me suis sagement assise sur mon canapé et j'ai attendu. Attendu et encore attendu. Une heure après, je suis sortie regarder dans la rue ce qu'il se passait, rien qu'un silence de mort et une chaleur étouffante. 19 ans et de nouveau seule. Je me jure à ce moment-là que plus jamais personne ne m'abandonnera. C'est fini. Je ne serais plus jamais la fille qu'on laisse. Peu importent les moyens et ce que ça implique, c'est fini.

Les 6 mois qui ont suivi cet événement ont été parmi les plus durs de ma vie. J'ai connu la faim, le manque d'argent, le manque de sommeil, le décrochage scolaire. Ma lumière dans ces ténèbres, c'était mon bébé chat. Un vieil homme dans un bar me l'avait confié, d'après lui c'était un mâle de deux mois. À première vue, si ce chat avait deux mois, vu sa tête, il devait être handicapé. Après une visite chez le vétérinaire, le petit mâle de 2 mois handicapé était en réalité une femelle de 3 semaines tout à fait normale. Nous avons donc passé ces jours difficiles, entre des biberons pour chat, révisions des cours pour le bac, des heures de ménage pour arrondir les fins de mois qui étaient de plus en plus difficiles. Quand je ne pouvais pas faire des heures de ménage, nous devions partager un steak haché afin de nous nourrir toutes les deux. Les mois ont passé, rien ne s'est arrangé, Noël approchait et c'est tristement que je me rendis compte que nous serions seules pour cette fête de famille.

Décembre, il fait froid, je me sens de plus en plus seule. J'ai mes copines et mes copains, mais ils ont leur vie et leur famille. Et moi j'ai mon chat. L'idée de passer un Noël seule m'angoisse. Je regarde mon chat, mais elle, rien ne semble l'atteindre, tant que je suis là, tout va bien ! Je vais faire comme elle, tant qu'elle sera là, ça ira. Nous sommes une équipe de 2 et c'est pas si mal comme ça. Je me remotive et je décide d'aller me promener. J'ouvre la porte de mon petit cocon, quand soudain mon entrain se coupe net. Ma mère est devant la porte avec une dame que je ne connais pas.

— Bonjour Aby, je suis une amie de ta mère, tu lui manques elle veut te voir, on peut rentrer ?

Je ne sais pas pourquoi j'accepte. Peut-être, me suis-je dit, que mon absence l'avait aidée à réaliser que j'existe. La conversation se passe plutôt bien, elle reconnaît ne pas avoir été au top et ne veut pas passer plus de temps sans moi. Nous allons manger un bout au restaurant, elle me dépose chez moi et repart comme si les derniers mois n'avaient pas existé.

Le réveillon de Noël est arrivé, j'appelle ma mère, je suis triste d'être loin de tout le monde alors qu'ils sont ensemble. Je lui explique que si j'avais eu l'argent je serais venue les voir, mais ma carte bancaire me boude depuis plus de 15 jours. À ça elle me répond,

« effectivement, c'est dommage, bon réveillon à toi ». Mon Dieu, comme c'est violent ! À ces mots, je me rends compte que rien n'a changé. Mes espoirs tombent en même temps que mes larmes. Je prends mon chat, ma Juliette et je me faufile sous ma couverture. Je vais passer la journée à regarder des dessins animés, à me faire des promesses en guise de cadeaux de Noël et à pleurer. En guise de repas du réveillon, nous partageons un plat de pâtes avec un steak et mon bébé chat a droit à une petite boîte de Gourmet. Ah oui, note à moi-même, dans mon futur quand je m'en serai sortie, plus de pâtes, je ne peux plus les voir ! Pour le moment elles ne sont pas chères alors je fais avec, mais un jour ma vie s'arrangera et je n'en mangerai plus.

Janvier, une nouvelle année pleine de belles promesses, le Nouvel An entre amis était super. J'essaie de faire des efforts pour maintenir un lien avec ma mère et donc avec le reste de ma famille. Je suis contente de retrouver mon frère et ma mamie. Sacha m'en veut de ce que j'ai fait à ma mère. Pour lui, tout est de ma faute. Je ne peux pas lui en vouloir, ma mère a encore dû raconter les choses comme elle le sentait, elle, afin de se victimiser un peu. C'est sa spécialité. Avec le temps, ça lui passera. On a toujours été proche, il m'a manqué, on se retrouvera, j'en suis sûre. Je revois Seb aussi, il est revenu, je lui manquais trop. On s'aime, on va faire des efforts tous les deux et ça ira. Bref, cette année-là, je la sens bien.

Février, j'ai trouvé des ménages réguliers, la cousine de Seb et moi, nous allons tous les matins faire des ménages dans les escaliers de plusieurs bâtiments. L'eau est froide, il faut se lever à 4 h du matin, ensuite il faut aller à l'école et comme si ça ne suffisait pas, je dois m'occuper de ma petite cousine le mercredi. Sa mère est alcoolique, elle aussi, donc j'essaie de l'aider. Ma cousine est petite, elle a 7 ans, c'est la dernière-née de notre famille. C'est la fille du frère aîné de ma mère. Ses parents sont mauvais dans leur rôle. Son père est encore en cure de désintoxication et sa mère n'aime pas trop sa vie donc elle se noie dans du whisky. Je m'en suis rendu compte il n'y a pas longtemps, donc je m'occupe d'elle. De toute façon, à part moi il n'y a personne de notre famille ici, donc c'est mon rôle. Récapitulons : réveil 4 h, ménage, lycée, devoirs, papiers, repas et le mercredi, Pépette. Les vacances approchent, je vais pouvoir me reposer un peu, je fatigue de plus en plus et je ne sais pas pourquoi j'ai mal au bras et à la nuque.

Mars, la routine habituelle, la fatigue et la douleur sont de plus en plus présentes. Je ne peux plus allier l'école et le travail. Je me rends à l'évidence : ou je mange, ou je fais des études. J'ai l'opportunité de faire aide à domicile et de m'occuper de personnes âgées.

Avril, pour le moment, j'arrive toujours à jongler entre le travail et le lycée. Je suis épuisée, mais je tiens. Mon employeur me demande de faire plus d'heures sinon je vais perdre mon contrat. Mais en juin y'a le bac. C'est alors que j'entre dans une réflexion assez tordue. Mon père est décédé jeune à l'âge de 42 ans. Le même été, une petite fille dont j'étais proche est morte d'un cancer à l'âge de 6 ans. J'ai 19 ans. Si ça se trouve, je ne vais pas tarder à mourir. Ou je passe mes derniers jours à lutter pour un avenir que je n'aurais pas, à squatter chez les parents de Seb pour continuer de manger à ma faim ; eh oui, parce que même avec les heures de ménage je n'arrive toujours pas à tout payer et à remonter ce fichu découvert, ou alors j'augmente mes heures et de ce fait je serai plus autonome.

Mai, je ne vais plus au lycée, mais je ne suis pas désinscrite, juste je n'y vais plus. Je travaille de 5 h à 7 h aux escaliers, de 8 h à 11 h chez une dame âgée et de 14 h à 17 h chez une autre. Je gagne pas trop mal ma vie, je suis payée 8 € de l'heure, congés payés inclus. Ma nuque et mon bras gauche me font très mal, ma mère décide donc de me prendre rendez-vous chez un spécialiste. Après une batterie d'examens, le couperet tombe. Syndrome du défilé thoracobrachial, opération rapide programmée en juin, ablation de deux côtes.

Juin, opération OK, réanimation OK, rééducation en cours, reprise de la vie OK, passage du bac pas OK. Étant donné que j'ai failli y passer à cause d'un pneumothorax pendant l'opération et que mon père est mort jeune, je préfère donc faire une plage avec ma Gigi.

Juillet, août, rééducation toujours en cours, Seb n'est pas à la hauteur de mes attentes, il fait passer ses amis avant nous et j'en ai marre. Niveau finances, je retombe dans le gouffre. Plus de travail et pas assez travaillé pour prétendre aux indemnités journalières de la sécurité sociale. C'est dur, mais je m'accroche, je passe beaucoup de temps enfermée chez moi avec mon chat. Je ne vais plus que rarement chez Seb. Ce dernier avait dit à ma mère qu'il s'occuperait de moi. La bonne blague.

Septembre, je reprends mon travail, doucement, je n'ai plus les mêmes personnes en charge, et n'ayant pas assez d'heures je décide de postuler pour un travail de nounou en plus. Maintenant, je travaille de 5 h 30 à 20 h tous les jours. Je garde deux petites filles le matin, je les dépose à l'école à 8 h 30, de 9 h 30 à 11 h je suis chez une dame assez casse bonbons, de 12 h à 15 h chez une dame très gentille et de 17 h à 20 h je garde 2 petits garçons. Je suis payée 700 € par mois, je remonte doucement, mais sûrement.

Octobre, les relations avec ma famille se sont bien apaisées, nous avons presque des relations normales. Je monte souvent les voir maintenant que j'ai les moyens de le faire. Le samedi matin, je charge ma voiture, mon chat et c'est parti pour un week-end à la campagne. Seb m'accompagne, il conduit ma voiture et paie les péages avec ma carte bleue. Je me rends compte qu'il ne me correspond plus. Il a une belle vie, nourri, logé, blanchi par ses parents. Il travaille un peu, enfin, mais ça paie son tuning et ses sorties. Il me fait des petits cadeaux j'avoue, mais on n'avance plus au même rythme. Je réalise que je vais devoir me séparer de lui. Quant à ma santé, mes douleurs post-op sont très présentes, je vais devoir changer de travail encore. Je décide donc d'envoyer un CV dans une collectivité territoriale.

Novembre, la fin d'année approche, je me prépare doucement à quitter celui qui partage mes nuits, mais pas vraiment ma vie. Je veux quelqu'un de solide, travailleur, avec qui je vais pouvoir fonder une famille et construire quelque chose. Quelqu'un qui me protégera et qui veillera sur moi. Je m'amuse à le visualiser. Il est mat de peau avec des yeux très clairs, des tatouages et drôle. Un week-end, je suis sur le marché chez ma mère. Une dame qui fait partie de la communauté des gens du voyage vend des pierres de protection. J'ai toujours été attirée par ce que je ne peux pas voir, mais ressentir. Je lui en achète donc une. En remerciement de mon achat, elle saisit ma main gauche et me dit :

— Je vois que tu vas avoir un amour pour un homme dans pas longtemps. Il est dans les flammes. Il a un uniforme. Vous allez vous aimer très fort très vite, vous allez avoir deux bébés en un et vous allez vous quitter.

Super avenir, je vais être en couple avec un extincteur qui me fera un bébé shampooing. Alors celui-là d'avenir, il fait rêver…

Décembre, c'est l'heure du bilan de cette année. J'ai eu une réponse positive pour mon nouveau travail. Je commence le mois prochain. Je suis prête à quitter Seb, mais il ne le sait pas encore. Je ne vais pas faire ça avant Noël, c'est pas très gentil, je vais donc attendre. Mais je suis décidée. Ma vie prend un tournant positif. Soit je le prends seule soit je ne le prends pas. J'ai trop galéré pour laisser passer cette opportunité. En janvier, nouveau départ, nouveau travail, plus de problème, plus de copain à traîner. À moi la belle vie !

Chapitre XII

Le réveil sonne, il est 6 h, je suis excitée comme un enfant au matin de Noël. Aujourd'hui, je commence mon nouveau travail, finies les toilettes des personnes âgées et à moi la gestion des dossiers MDPH. Je vais enfin pouvoir me déguiser en fille, avec les cheveux bien coiffés, bien maquillée, les talons hauts. La totale ! Je fonce dans ma minuscule salle de bain, j'allume, et à la vue de ma tête dans le miroir, je réalise que j'aurais dû mettre le réveil bien plus tôt. Mon Dieu le chantier qui m'attend ! Un vrai ravalement de façade avec traitement des fissures ! Je saute dans la douche et j'attaque mon chantier. Aux grands maux les grands remèdes, fond de teint, anticernes, blush, tout y passe, si j'avais du plâtre sous la main, je m'en serais servi. Résultat ? Pas trop mal. Maintenant domptage de la crinière qui me sert de chevelure. Après m'être arraché la moitié de la tête, je me rends à l'évidence, des années que j'essaie et ça marche pas. Le chignon reste la meilleure option. Je fonce vers mon armoire, je choisis une jolie jupe tube noir, avec un petit haut fluide blanc et une veste de tailleur. J'enfile le tout. Merde ! J'ai oublié de m'épiler les jambes ! On dirait un yeti en jupe ! J'abandonne la jupe au profit d'un petit jean slim, après tout, plus personne ne caresse mes jambes alors à quoi bon les épiler ! Ensuite ?

À cette pensée, je sors de mon euphorie, plus personne pour me caresser tout court. Ni les jambes ni autre chose. Ni bisous, ni rien. J'ai quitté Seb il y a quelques jours. Je lui ai dit d'un ton très solennel « Ma vie prend un nouveau tournant et je vais le prendre sans toi ! ». Nous étions sur le parking de chez ses parents, je lui ai demandé de sortir de ma voiture et je suis partie sans même le regarder. Si j'avais croisé son regard, je ne serais pas allée au bout de ma démarche. Ma vie change, je le sens et je sens aussi qu'il n'a plus sa place à mes côtés.

Allez ma grande on se bouge, un thé, un lavage de dents et au boulot ! Les journées s'enchaînent, c'est bon la liberté ! Plus de compte à rendre. Plus de problème d'argent, à moi la vie rêvée ! Vive les sorties entre amies, les vacances entre copines, les virées improvisées ! Je me paie même le luxe de déménager. Dans mon nouveau chez moi, j'ai une cuisine équipée, une chambre : MA chambre, un salon. Je m'offre un frigo, un lit, un vrai lit, un joli canapé en simili cuir et des croquettes de luxe pour mon ombre poilue. Je cumule mon travail de gestionnaire de dossiers pour le Conseil Général avec deux petits boulots qui arrondissent bien mes fins de mois. Je gagne plus du triple qu'il y a 1 an. Je suis limite riche !

Un soir, alors que j'étais assise sur le rebord de ma fenêtre, ma mère m'annonce qu'elle va venir chez moi un peu, car mon frère veut revenir dans la région. Plus exactement dans ma ville ! Bon OK, pourquoi pas ? Après tout, il fait ce qu'il veut, il est majeur et vacciné. Puis il fera comme moi il bossera, cumulera plusieurs boulots et à lui la belle vie. Tout ne se passera pas comme je l'avais prédit. Mon oncle fera encore et toujours des cures de désintox et mon frère, après avoir loupé son bac ne gardera aucun travail. Ma mère fait beaucoup d'allers-retours, mais elle refuse de dormir chez mon frère, elle se plaît à dire qu'elle se sent mieux chez moi, que c'est bien plus propre. Je suis contente, je la vois souvent. Un soir au détour d'une conversation, elle m'avoue venir souvent pour aider mon frère.

— Pourquoi tu ne fais pas avec lui ce que tu as fait avec moi ? Laisse-le se débrouiller, Maman !

— Aby, tu sais très bien que Sacha c'est pas toi ! Il ne sait pas se débrouiller seul. C'est comme ça. Il a deux mois de retard de loyer, il ne paie pas son EDF. Demain, j'ai rendez-vous pour régler ses problèmes. Tu peux venir avec moi, j'aurai moins honte si tu es là…

— Oui oui pas de problème, je suis en repos demain.

En acceptant, je ne savais pas dans quel engrenage je mettais les pieds. Cela coûtera la modique somme de 300 € à ma mère et 200 € pour moi. Pour nous remercier, il nous invitera à boire un apéritif chez lui, où il nous présentera son dernier achat : un perroquet gris du Gabon acheté 1500 € avec un supplément pour la volière. Ma mère me regarda, dépitée, en me demandant de ne faire aucun commentaire.

Ma mère me demandera assez souvent de venir en aide à mon frère et mon oncle. Eh oui elle est loin, elle ne peut pas tout gérer. Moi je suis sur place, je peux gérer. Courses pour un, dépannage d'argent pour l'autre. Mais comme on me l'a fait remarquer, j'ai les moyens ! De mois en mois, la dette s'allonge, mais je sais que personne ne me remboursera. Quand je demande à ma mère de me rembourser, c'est toujours la même réponse : « Je ne peux pas, j'aide trop ton frère ! ». Et moi je bosse et je me mets à payer pour les autres !

— Aby, tu n'as pas 10 € ? 20 € ? Ça va, fais pas ta radine, 10 € c'est rien !

À un moment donné, je me faisais de l'argent de poche, je le donnais le jour même à mon oncle. Le pauvre, il était encore une fois en cure, il n'avait pas d'argent, ni cigarette ni télévision. Je lui donnais donc 20 ou 30 € de liquide tous les jours quand je finissais ma journée.

Le pire dans tout ça, c'est qu'au début je râlais auprès de ma mère, je criais à l'injustice, mais à la fin je ne disais plus rien. J'étais passée de la laissée pour compte au compte tout court. C'était déjà ça. Une fois mes missions remplies, ça ne m'empêchait pas de sortir avec mes amies et faire la fête comme toutes les jeunes filles de mon âge.

Chapitre XIII

C'est enfin le week-end, journée plage entre filles, suivie d'un pique-nique improvisé, sandwichs à la mousse de canard, chips et rosé. Nous enchaînons les blagues à 2 balles et les sujets plus sérieux.

— Les filles j'ai rencontré un mec, il est monté comme un petit poney, nous dit fièrement Alex.

— Tu dois pas le voir souvent vu que tu arrives encore à marcher, surenchérit Steph.

Je les adore, elles ont l'art et la manière de rendre les choses légères.

— Et toi, Aby ? Tu es toujours en profonde relation avec tes doigts ?

— Carrément, mais j'ai peut-être un plan. Je vous dirai ça quand ça sera confirmé.

— Oh putain ! Aby ! J'y crois pas, ça y est, tu vas enfin te faire dépuceler une deuxième fois. On va t'offrir des capotes ! s'écria Alex.

J'ai envie de lui dire de se taire, mais elle a l'air si heureuse pour moi. Le rosé s'amenuise en même temps que le temps passe. La nuit est bien noire quand nous décidons de rentrer. Je commence à décharger la voiture quand mon téléphone vibre. Un texto de Denis. Denis, mais qui est Denis ? me demanderez-vous.

C'est le bel italien, lui aussi porte la tenue des sauveurs de vie. Je l'ai rencontré il y a quelques années quand mon père nous a quittés. Il faisait partie de ces pompiers qui étaient venus lui rendre hommage. Je n'avais remarqué à l'époque que ses yeux verts pleins de larmes, oubliant un instant les miennes. Je l'avais trouvé touchant. Quelque temps après, nous avions fait connaissance à la caserne, mais ses blagues graveleuses sur la gent féminine m'avaient fait vite oublier l'intensité de son regard. Cependant, nous avions eu l'occasion de discuter à plusieurs reprises et ce qui était limite une aversion s'est transformé au fil du temps en plaisir d'échange et nous avons appris à nous apprécier. Enfin pour ma part j'appréciais davantage ses yeux et son fessier rebondi que sa capacité à faire une dissertation.

— Tu es chez toi ? Je peux venir ?

Réponse immédiate :

— Carrément !

Juste le temps de monter, ranger et prendre une douche, que ça sonne.

Denis rentre, à son regard, je devine qu'il a dû lui aussi faire un peu la fête de son côté. Qu'à cela ne tienne, on va continuer ici.

Nous sommes assis sur mon canapé en cuir, les verres s'entrechoquent pour porter des toasts et nos mains se rapprochent. Elles se frôlent, s'entremêlent, se caressent. Nos corps suivent le même chemin. Nos lèvres se touchent, la température monte au rythme de nos respirations qui s'accélèrent. Nous arrachons nos vêtements quand d'une main puissante il m'empoigne et me porte dans ma chambre. Je ne me suis jamais sentie aussi légère. Ses yeux verts me transpercent, ses gestes sont doux et fermes à la fois. Je réalise que le cocktail est parfait pour que ça matche. Il se passera plusieurs heures qui auront un goût de miel au début pour finir avec un goût de vinaigre.

— Alors heureuse ? me demanda Denis, tel un don Juan.

— Heu, tu rigoles, lui dis-je en explosant de rire. Tu étais bon au début, mais archi nul à la fin.

— Mais arrête tes conneries, toutes les filles me disent que je suis un dieu, me dit-il afin de faire remonter son ego.

— Eh bien, ce sont de grosses menteuses ou elles ne savent pas ce que c'est de prendre son pied.

— Eh bien, on va recommencer jusqu'à ce que tu dises comme elles.

— Alors je veux bien te laisser encore une chance, mais si je ne vois pas un peu de potentiel chez toi, on arrêtera là. Les coups à blanc c'est pas mon fort.

Nous passerons les 24 prochaines heures à donner de nos corps.

Le printemps est à son paroxysme, les journées sont chaudes à l'image de mes nuits avec Denis. Quand le jour se lève, nous sommes amis et quand la nuit arrive nous redevenons amants. Un soir, nous décidons de ne pas nous retrouver. Il a sa vie, j'ai la mienne, on ne se doit rien, nous ne sommes pas un couple. Je vais récupérer Alex chez elle, nous nous sommes pomponnées, nous avons sorti les talons et c'est parti pour une soirée fille !

La soirée bat son plein quand je reçois un message de Denis : « Rejoins-moi, j'ai envie de te voir, rendez-vous à l'Eden ». À la lecture de ce message et pour me faire plaisir, nous y allons.

L'ambiance est explosive, les gens chantent, dansent, se frottent, s'enlacent, rigolent. Le champagne coule à flots. Des femmes dansent sur le comptoir, quand le serveur enflamme quelques shooters de vodka. Je cherche Denis. Nous trouvons au détour d'une table, des connaissances communes.

— Salut ma belle, tu as vu Denis ? demande son pote Cédric. Il nous a dit que tu venais, il te cherchait il y a encore cinq minutes. Ce dernier marque un temps de pause : regarde, il est sur la plage.

Au même moment, je tourne la tête et je vois Denis en pleine conversation avec une jeune fille blonde, elle était aussi grande qu'une jument, elle avait également le faciès qui allait avec. Je me dirige vers eux quand je devine quelques mots : « Sam, ne pars pas, j'ai fait le con, je suis désolé ». De quoi il parle ? Et elle, cette cruche, pourquoi elle se met à pleurer ? Je ne sais pas pourquoi, mais une colère noire m'envahit. Sans plus attendre, je décide de prendre mes jambes à mon cou et de partir le plus loin possible de lui. Alex peine à me suivre, quand elle y parvient enfin, elle ne comprend pas ma réaction. Je dois avouer que moi aussi.

— Eh ! Va faire les Jeux olympiques meuf ! Usain Bolt n'a qu'à bien se tenir ! Je peux savoir pourquoi tu es partie comme une furie ?

— T'as pas vu que Denis a roulé une pelle à sa jument blonde ?

— Alors de 1, non j'ai pas vu et de 2 qu'est-ce que ça peut faire, vous êtes pas en couple. Vous vous dites assez souvent que vous devez garder chacun votre vie.

— Oui, mais entre le savoir et le voir il y a une sacrée différence quand même !

— Pour que tu réagisses comme ça, c'est que pour toi ce n'est plus qu'un simple sexfriend.

— Tu dis n'importe quoi. Allez, viens on va boire un verre, j'ai besoin de décompresser.

De cette fameuse soirée, il ne me restera que de vagues souvenirs. L'épisode de la jument, ma crise de calcaire[1], le nom de la boîte de nuit : « Le Pink », un comptoir avec un type en jupe perché sur de hauts talons qui pleurait son homme, de shooters enflammés et de dame pipi.

Le soleil éclaire ma chambre, je bouge, je suis en vie. Le tomahawk incrusté dans ma tête me rappelle que la nuit a été alcoolisée. Je me lève, je marche tel un zombie, dans un geste saccadé j'ouvre mes volets. Du moins, j'essaie. Je peine, mais j'y arrive. Et là, plus de voiture ! J'appelle Alex en pleurs.

— Tu sais pas quoi, non seulement que mon dernier souvenir c'est dame pipi et son sourire ravageur, mais on m'a volé ma voiture ! J'ai oublié une grosse partie de la soirée, mais pas l'épisode de la jument.

— Mais non Aby, on ne te l'a pas volée !

— Mais si je te dis, je la gare toujours au même endroit et là je te dis qu'elle n'y est plus.

— Je sais qu'elle n'y est pas, elle est avec moi. Tu étais tellement saoule que je t'ai ramenée et j'ai gardé la voiture.

— Moi saoule ? Carrément pas !

[1] Expression familiale pour crise de nerfs.

— Aby, tu as passé 10 min à parler avec dame pipi qui est Portugaise et qui ne parle pas un mot de français. Tu voulais même lui prendre rendez-vous avec ton dentiste.

— T'es sûre qu'elle parlait pas un peu français quand même ?

— Sûre. Bon, je saute dans la douche et j'arrive.

Ma tête, mon Dieu que j'ai mal à la tête ! Comment font les alcooliques pour être comme ça tous les matins et recommencer ? Moi j'ai juste envie de mourir à ce moment précis. J'ai l'impression qu'une tribu d'Indiens est en train de me scalper. Je veux bien négocier avec eux, mais rien n'y fait. Le téléphone sonne, je vois Denis s'afficher. Je n'ai pas envie de répondre, mais après tout c'est de sa faute si je suis agonisante ce matin, alors je ne vais pas l'épargner.

— Qu'est-ce que tu veux, chacal de brousse ?

— Bonjour beauté moi aussi je suis content de t'entendre ! Tu étais où hier soir ? Je t'ai attendue, tu n'es jamais venue !

— J'étais juste derrière ta jument blonde quand tu lui as dit que tu avais fait le con et que tu ne voulais pas qu'elle parte. Tu sais, quand ta langue a accidentellement atterri dans sa bouche.

— Aby, on a dit qu'on se devait rien. Chacun sa vie.

— Oui, eh bien justement va faire ta vie et moi la mienne. Je ne veux plus entendre parler de toi.

Voilà, je tourne la page Denis. J'avais appris à mon insu qu'une histoire était en train de s'écrire en moi. Je n'avais rien vu venir, ni le brouillon, ni même eu le temps de savourer les premiers mots du prologue que j'étais déjà en train d'écrire le mot fin. Alex arrive, elle m'aidera à accepter une fin sans une once de début.

Chapitre XIV

Trois semaines passent, je croise Denis, mais je ne le calcule pas. Tout au plus, je le gratifie d'un « Bonjour ». J'ai pas envie ni de le voir ni de lui parler. Il n'a rien fait de mal dans l'absolu, mais moi j'ai mal.

On est en plein mois de juillet, un samedi soir à 18 h 30. Je me cuisine un porc au caramel, je suis sortie la veille et j'ai envie de rester chez moi ce soir. Un bon repas avec un dessin animé, ma Juliette et mon chat. Un programme au top du top. Le téléphone sonne, c'est Denis.

— Aby, tu es chez toi ? Tu as quelque chose de prévu ce soir ?

— Non, rien, pourquoi ?

— Prépare à manger, j'arrive avec du vin ! À tout de suite.

Dix minutes après, Denis est là dans mon salon. Il me regarde avec ses grands yeux verts.

— Aby, tu m'as manqué ces dernières semaines. J'ai beaucoup réfléchi et je suis prêt à faire quelque chose avec toi. Je n'ai pas envie de faire n'importe quoi alors je vais envoyer un message à toutes mes nénettes en leur disant que je suis avec toi. Mais Aby, si je fais ça c'est pour faire quelque chose de sérieux tous les deux. Mariage, bébé, je veux la totale.

— Oula Denis, je vais avoir 21 ans dans une quinzaine de jours, comment veux-tu que je te parle bébé et mariage ?

— Ne m'en parle pas, dis-moi juste qu'on fera tout pour que nous deux ça fonctionne.

Perdue dans le vert de ses yeux, je succombe. Tout en moi a envie d'essayer. Tout vibre et tremble. Quand ses lèvres se posent sur les miennes, je sens mon cœur battre comme si j'étais au bord d'un précipice, prête à tomber. Mais pour une fois, j'ai pas peur, je sens sa main me retenir et à ce moment précis je me sens en sécurité. Je peux valser au bord du vide, il me tient, je n'y tomberai pas. Cette nuit-là fut à la hauteur de nos sentiments refoulés. Ceux qu'on osait pas dire, mais que nos corps exprimaient à merveille. Au petit matin, même les rayons du soleil avaient un goût différent. Ils caressaient son visage encore endormi et moi je le contemplais. J'avais peine à y croire. C'était bien réel. Je me remémore ses paroles et dans un élan d'inconscience lié à mes 20 ans je me projetais. Sans peur ni doute, je savais que tout ne serait pas rose, qu'il y aurait des tempêtes de caractère, des accidents de vie, des sorties de route, de violents incendies qui pourraient emporter n'importe qui. Mais qui mieux que lui savait sauver des vies. Et sans le savoir, il était en train de sauver la mienne.

Rapidement, nous prîmes nos marques et le tout sans aucune difficulté, avec une aisance sans faille. Sans nous en rendre compte, mes vêtements ont fait de la place pour les siens, ma brosse à dents avait la sienne comme nouvelle colocataire, nos yaourts se partageaient la même étagère et surtout je n'étais plus seule. Il était très bien intégré au sein de ma famille, tout le monde l'aimait et j'en étais fière.

Chapitre XV

Je viens de rentrer du travail, il fait encore jour dehors, Denis ne va pas tarder. Ça sonne à la porte, c'est mon frère.

- Tu as passé une bonne journée, Aby ?

— Très bonne et toi ?

— Oui, écoute, je voulais savoir si t'as pas un peu d'argent à me prêter. Je suis en galère, je suis en retard de loyer, j'ai plus de sous pour faire mes courses. Bref, c'est la dèche !

— Si, j'ai de l'argent, mais ton loyer je te l'ai payé il y a peu avec Maman et je t'ai fait des courses la semaine dernière. Tu abuses quand même !

Il blêmit et me sort d'un ton dédaigneux :

— Tu ne sais pas ce que c'est, les galères d'argent. Madame se fait entretenir par son mec. Ça n'a pas l'air de te déranger que je sois dans la merde !

— Non, je n'ai jamais eu de problème, tu as raison. Écoute, on ne va pas débattre sur le sujet, tu ne sais pas par quoi je suis passée. Et je te rappelle que je t'aidais bien avant d'être avec Denis. Alors tes remarques, tu les gardes !

Je n'ai pas le temps de finir ma phrase que Denis fait irruption dans le salon. Nous ne l'avions pas entendu rentrer du travail.

— Pour qui tu te prends à parler comme ça à ta sœur ?

— Je fais ce que je veux et puis je lui demande jamais rien, donc quand je lui demande elle n'a pas à râler !

— Tu lui demandes jamais rien ? La blague du jour ! Toi et ta famille vous êtes tout le temps en train de lui demander des trucs, un coup il faut donner de l'argent à ton oncle, à toi, vous faire des courses, payer une facture et j'en passe, alors tu vas sortir de chez moi avant que ça finisse mal. Y'en a marre, elle ne travaille pas pour t'entretenir !

— De toute façon, c'est une connasse !

— Écoute bien, casse-toi et vite avant que je te tue de mes mains.

Denis empoigne Sacha et le fait sortir de chez nous.

— Écoute Aby, je sais que tu aimes ta famille, mais là stop. Y en a marre. On bosse tous les deux pour avoir la vie qu'on a et si eux ne font rien, c'est pas notre problème.

— Oui je sais, mais si je dis non je vais me mettre tout le monde à dos, personne ne va comprendre.

— Ne t'en fais pas pour ça, je suis là pour toi et je leur dirai, s'il faut.

Il ne faudra attendre que trente minutes avant que le téléphone ne sonne pour avoir des explications. À la vue du nom de ma mère qui s'affiche sur ce dernier, je deviens blême.

— Tu peux me dire pourquoi tu as foutu ton frère à la porte ?

Denis m'arrache le téléphone des mains.

— Bonjour, on va être bien clair, la prochaine fois que ton fils vient chez nous, demander de l'argent à sa sœur et la traiter de connasse parce qu'elle ne lui donne pas, il passe par la fenêtre. Y'en a marre. Vous étiez où quand Aby a eu besoin de vous ? Et maintenant, il faut qu'elle soit là pour tout le monde ? C'est fini !

— Denis je ne comprends pas, je connais mon fils, il y a forcément une explication, mais ne t'inquiète pas on l'aidera, nous, sans problème.

— Et quand il a fallu aider Aby, qui l'a fait ? Elle a dû se débrouiller toute seule !

— On ne peut pas comparer, Aby a toujours su se débrouiller seule, son frère non.

— Peut-être que contrairement à lui, elle n'a pas eu le choix. Sur ce, bonne soirée.

Je restai figée, assise sur mon canapé. Je le regardai raccrocher sans aucun état d'âme. Enfin quelqu'un qui prenait ma défense et qui n'avait pas peur de dire les choses. J'étais en admiration devant lui. À ce moment-là, il aurait pu me demander la lune que je serais allée la lui chercher sans difficulté.

Il se dirige vers moi, je sens mes larmes monter, il prend mon visage entre ses mains et me dit :

— Mets tes chaussures bébé on va se faire un resto, ça va te faire du bien au moral. Plus personne ne te fera de mal, je t'en fais la promesse.

Je sentis les larmes couler, elles entraînèrent avec elles cette chose lourde qui était au fond de ma gorge. Cette boule qui m'empêchait parfois de manger, d'avaler ma salive et souvent même de respirer. Tout était si simple avec lui. Je ne me lassais de rien, ni de le regarder manger, ni de l'écouter parler, ni même de l'entendre ronfler. Son ronflement était devenu ma berceuse. Mon bruit de sécurité. J'aimais sa manière de me regarder, comme si j'étais la plus belle créature de la terre, j'aimais sa manière de me toucher comme si j'étais la femme la plus fragile, mais à la fois la plus désirante. J'aimais son odeur, même sans parfum. La nuit, je le respirais. J'aimais le sentir, le goûter, le regarder, l'écouter. Je l'aimais. C'est donc tout naturellement que les jours sont devenus des semaines, les semaines des mois, les mois des années, jusqu'à ce soir fatidique où Denis est rentré d'une garde et m'a lancé un :

— Où est ta pilule mon bébé ?

— Dans la salle de bain, pourquoi ?

Il la saisit et la jette à la poubelle. J'ai bondi en lui demandant de m'expliquer. Et il me dit :

— Je t'aime, j'aime tout de toi même tes défauts. Et quand je pense à mes futurs enfants, je me dis que j'aimerais qu'ils aient les mêmes défauts que toi. J'aimerais qu'ils aient ton sourire, ton regard pétillant, ta gentillesse, ta manière de bouder qui ne dure jamais longtemps. Je veux te donner une partie de moi, que tu me donnes une partie de toi, et que nous ayons un petit nous.

Difficile de résister quand de merveilleux yeux verts vous font une telle déclaration. J'ai donc eu ma petite larme et me suis blottie contre lui. Mon Dieu, que je suis bien dans ses bras !

Une de ses mains glissa le long de mon dos pour aller se perdre dans le creux de mes reins. L'autre m'empoigna avec fermeté, me souleva, à ce moment-là j'étais aussi légère qu'une plume, et il me déposa sur notre lit. Je sentis en moi cette fièvre monter. Ma respiration s'accéléra, mon cœur était au bord de l'explosion. Le feu qui embrasait ma culotte était d'une rare intensité. En un instant, je me retrouvai nue, je sentis la chaleur de son corps contre le mien, sa respiration dans ma nuque, sa langue parcourir mon corps. Tout mon être était en émoi. J'avais envie de lui comme jamais auparavant, quand il me saisit, il me regarda. Je compris que pour lui comme pour moi, il se passait quelque chose. Le rythme s'intensifia, les coups de reins aussi, nous nous serrons l'un contre l'autre et nous éprouvons un plaisir intense. Nous avions fait l'amour plus d'une fois avant cette fois-là, mais celle-là restera à jamais gravée en moi. Non pas par l'invention de nouvelles positions, ou même d'un nouvel essai, non il s'agissait d'autre chose. On s'était unis.

Les essais infructueux s'enchaînent, le moral baisse au fur et à mesure des tests négatifs.

Après plusieurs rendez-vous chez le gynécologue, plusieurs mois de courbe de température aussi plate que l'électrocardiogramme d'un mort, mon médecin traitant décide de nous donner un petit coup de pouce en me prescrivant un cachet miracle. La chose est dite si tout va bien nous serons parents d'ici 2 ans. J'ai 23 ans, donc aux environs de 25 ans je serai maman.

Pour nous reposer de notre vie assez mouvementée, nous décidons de partir en vacances chez le frère de Denis. Il vit dans le nord avec sa femme et il vient d'être papa d'une petite rose des sables. Dans le train, le paysage défile à vive allure. Denis regarde par la fenêtre et moi je contemple son visage et son reflet. Je ne lui trouve aucun défaut, même son nez épaté a un charme fou. Je pars dans mes pensées, je nous imagine à trois. Le bonheur fut de courte durée quand je me rendis compte que j'avais oublié de prendre ma trousse de médicaments. Pas de médicament, pas d'ovulation et donc pas de bébé. Instantanément, les larmes me gagnent. Denis s'enquiert de savoir ce qui se passe, après une courte explication il me répond : Bébé c'est rien, ça décale de quelques mois, ne t'inquiète pas.

J'avais peur de le décevoir, il espérait tellement un petit nous. Moi aussi, mais j'avoue que les deux ans de préparation sont les bienvenus. Je vous le confie, mais c'est un secret que je garde bien pour moi. Comment leur dire à tous que j'ai peur ? Le métier de maman est le métier le plus difficile de la terre, je le sais c'est ma mère qui me l'a dit. L'angoisse me saisit, et si je ne suis pas à la hauteur ? Et si je ne l'aime pas ? Et s'il ne m'aime pas ? Et si j'avais une fille, c'est terrible, je ne sais pas comment faire, et si j'étais comme ma mère ? Je ne sais pas si ce questionnement est légitime, je préfère donc le garder pour moi et puis de toute façon je ne suis pas prête de tomber enceinte. J'ai le temps, pour le moment on va passer des vacances en famille.

Après quelques heures de train, nous voilà arrivés dans le nord-est de la France, un petit village charmant. Il n'y a pas de vestiges médiévaux, mais la neige sur les toits, la fumée qui sort des cheminées et les sapins donnent un petit air de village de Noël. Nous sommes accueillis par toute la famille, il ne manque personne, il y a Alain et sa femme Fadila, la mère de Denis et Alain, Marielle, Fatima, la mère de Fadila et les enfants. Parmi les enfants, il y a notre petite rose des sables Lou. Elle est superbe, elle a les cheveux noirs comme l'ébène, la peau couleur pain d'épices et un regard aussi profond et mystérieux que ses ancêtres berbères. Je repars dans mes pensées pour essayer d'imaginer notre petit nous. La fête bat son plein au rythme des musiques orientales, les plats défilent, j'observe cette scène qui semble somme toute irréelle. Deux communautés sont mélangées, il y a même un plateau de charcuterie et du vin, chacun parle de ce qu'il lui chante, certaines portent le voile, d'autres sont tatouées, mais tout le monde se respecte et s'aime. Rien à voir avec ce que ma mère m'a enseigné de ces « barbares ». Je me sens bien apaisée en sécurité. Je savoure ce moment quand Fatima s'approche de moi :

— Ça va ma fille, tu te régales ? me dit-elle en me caressant le ventre.

— Oh oui c'est un vrai bonheur d'être ici ! Merci beaucoup pour cet accueil.

— C'est normal ma fille c'est la famille.

La « Famille », ce mot vient s'écraser contre moi comme un moustique sur un pare-brise de voiture. Alors, c'est donc possible, une soirée en famille, sans alcool à outrance, sans bagarres, sans insultes, sans stress, juste avoir à savourer le moment présent et c'est tout.

— Oh là là ma fille, me dit Fatima, tu vas avoir deux enfants en un dans pas longtemps !

Cette phrase était aussi mystérieuse que celle qui venait de la prononcer. Fatima avait un visage très marqué qui laissait deviner volontiers les traces de son passé, des yeux malicieux et un sourire coquin à moitié caché sous son voile bordeaux. Que veut-elle dire, deux en un, elle m'a prise pour une bouteille de shampooing ? Ou alors mon enfant va-t-il être la nouvelle star du cirque Zavatta ? Deux têtes et un seul corps ? Je vais rester sur cette phrase et aller me resservir du vin, après tout pour le moment mon corps n'abrite que moi.

Chapitre XVI

Depuis notre retour de vacances, je suis épuisée, j'aurais peut-être dû me reposer un peu plus. Nous avons beaucoup profité, beaucoup fait la fête et peu dormi. De fait, je reprends le travail épuisée.

Le soir, je m'endors devant le journal télévisé, une fois au lit je dors du sommeil du juste et c'est le réveil qui vient me sortir de mon coma. De plus, depuis deux ou trois jours je dois avoir une petite gastro, je me sens vraiment patraque et j'ai même rendu hier mon crumble pomme cannelle. Pourtant d'habitude, je le mange bien volontiers, mais il a fait un aller-retour.

Nous sommes le jeudi 25 février 2010, je viens de finir ma journée de travail, je suis comme d'habitude fatiguée et de plus en plus malade. Denis est de garde, je décide donc de m'arrêter lui faire un coucou avant de rentrer à la maison. Bon OK, il finit à 20 h, mais bon j'ai très envie d'un bisou et d'un câlin. Je profite d'être blottie contre lui pour lui dire que ma gastro ne va pas mieux que je pense aller chez le médecin si lundi ça ne va pas mieux.

— Bébé, tu sais, si tu avais une gastro, tu me l'aurais refilée depuis longtemps. Je pense que c'est pas ça ! Tu devrais aller chercher un test de grossesse. Tu t'endors très tôt le soir, tu vomis, tu es barbouillée. Tu es enceinte, j'en suis presque sûr !

— Mais qu'est-ce que tu racontes, n'importe quoi ! Je n'ai pas encore fait le traitement, je ne peux pas être enceinte, c'est pas possible et puis le docteur a dit environ deux ans, y'a deux mois. Tes calculs ne sont pas bons Denis.

— Bon, écoute, va en chercher un, ça ne coûte rien et on sera vite fixés.

— Oui ça ne coûte rien pour toi, moi je ne suis pas prête à voir encore un test négatif. Ça me rend triste.

Et sans lui avouer, je suis aussi prise de panique à l'idée que le test soit positif. Angoissée, mais déterminée à savoir, je me rends à la pharmacie, récupère mon précieux et rentre chez nous.

Le réveil sonne, il est temps de faire pipi sur la bandelette. Le mode fontaine est activé, je donne jusqu'à la dernière goutte. Denis attend dans notre lit, je pose le test dans la salle de bain et retourne me coucher. La boule au ventre, complètement perdue, prête ou pas ? 1001 questions se bousculent dans ma tête. Denis se rapproche de moi, commence à m'embrasser dans le cou, me caresser, m'enlacer, il n'y a pas à dire, il a l'art et la manière de me déstresser. Câlin du matin, journée trop bien.

Je suis assise sur les toilettes quand soudain Denis ouvre la porte, il me regarde avec des yeux exorbités, une bouche béante et des joues rouges. Il tient son précieux dans la main, le tend vers moi et me dit :

— Si tu n'es pas enceinte, moi je me coupe les boules !

Je le regarde complètement abasourdie, je n'imprime pas ses mots. Je vois deux barres sur un stylet blanc, des mots qui résonnent et ma tête qui tourne. Que se passe-t-il ? Moi enceinte ? Mais non, j'ai une gastro. Denis s'empresse d'appeler son frère, quand je l'entends lui annoncer la bonne nouvelle, je percute ce qu'il se passe. Je vais dans la salle de bain, je lève mon haut de pyjama, et je regarde mon ventre, il est si plat. Je le regarde sous toutes les coutures et je ne vois rien. Il est plat comme une limande. Mais dans ce bidon, commence à grandir une vie. Nous prévenons nos familles, tout le monde saute de joie, crie, pleure. Moi je reste impassible. Il est déjà l'heure de partir au travail.

Je monte dans ma voiture, tout à l'air au ralenti. Les secondes sont une éternité, je mets la radio, mais je n'entends rien, je conduis, mais je ne vois pas la route, j'arrive au bureau sans même m'en rendre compte. Je suis complètement déboussolée. Je m'assieds sur mon fauteuil quand soudain un flot de larmes m'envahit. Je n'arrive plus à retenir quoi que ce soit. Quand ma collègue de bureau arrive, j'ai tellement l'air de porter toute la misère du monde sur mes épaules qu'elle s'inquiète de suite.

— Mon Dieu que se passe-t-il ? Tu as eu un mort dans ta famille ? Rentre chez toi, tu as l'air si mal.

Je pleure tellement que je suis incapable de lui répondre. Une deuxième collègue arrive et s'inquiète tout autant que la première. Comment leur dire que personne n'est mort, bien au contraire ? Je peine à leur aligner trois mots.

— Personne n'est mort. Je suis enceinte.

Voilà c'est dit. Elles sont ravies pour nous et moi je suis terrorisée. Je n'arrive pas à le verbaliser. Toutes les personnes qui seront au courant de notre merveilleuse nouvelle auront toutes la même réaction. Pourquoi sont-ils tous ravis et moi terrorisée ? Cela ne doit pas être une réaction normale, je le sais, ma mère m'a toujours dit que l'arrivée d'un enfant était la plus belle chose au monde, mais moi ça me fait peur. Même sur ça je ne suis pas normale. Pauvre enfant. Il arrive dans de drôles de conditions. Je devrais en parler, mais je ne peux pas, j'ai peur d'être jugée. Alors j'avale cette peur, cette angoisse et je la garde pour moi. Pour mon corps, c'est un tout autre parcours, je le force à avaler ce qu'il ne peut pas digérer. Je passe donc mon temps malade à vomir tout ce que je porte à ma bouche. Mon corps ne supporte plus rien, ni les odeurs, ni le repas, même nos rapports intimes sont devenus compliqués, accompagnés de saignements importants. Un d'eux nous conduit aux urgences, après une échographie de contrôle, tout va bien. J'en profite pour poser une question sans même la conscientiser.

— Combien y en a-t-il ?

Le médecin me regarde, interloqué, et me répond :

— Ben voilà une drôle de question, il y en a qu'un.

Je ne me sens pas bien, incomplète. Je vomis tout ça autant moralement que physiquement. Je sens en moi que quelque chose ne tourne pas rond. Je le dis, mais personne ne me croit. Tout est d'une telle violence.

Chapitre XVII

Le jour de l'écho morphologique du premier trimestre est arrivé. Je suis enceinte de plus de trois mois, je suis toujours aussi plate. Je n'ai pas pris un gramme ni un centimètre. Je suis toujours autant malade. Je persiste à dire que cette grossesse n'est pas normale. J'ose même appeler ma mère pour lui dire que si c'est ça être enceinte, c'est la première et la dernière fois.

Je m'installe sur la table d'auscultation, en face de moi il y a une télé. Denis est sur ma droite juste derrière le médecin.

— Bon alors vous avez déjà fait deux échographies, et tout était normal, c'est une bonne chose. Allons voir ce qu'il se passe dans votre bidon. Vous êtes d'accord, madame ?

— Oui oui, j'ai bien envie de savoir comment va cacahuète.

On ne sait pas si c'est une fille ou un garçon donc nous l'appelons cacahuète.

Il pose sa sonde pleine de gel sur mon ventre, il commence à l'étaler quand je remarque un truc à l'écran. Je n'en crois pas mes yeux. Je ne suis pas médecin, mais je jurerais avoir vu deux trucs qui ressemblaient à des warnings de voiture. Denis me regarde et me dit :

— Qu'est-ce que tu as à sourire bêtement ?

— Moi je souris, toi dans deux minutes tu pleures ! lui dis-je en rigolant.

Le médecin commence son investigation.

— Alors jusqu'ici tout va bien, les deux cœurs battent bien, regardez, ils battent même ensemble.

— Comment ça les deux cœurs battent bien ? Il n'est pas normal, mon bébé ? s'inquiète immédiatement Denis.

— Ben voyons monsieur, ce sont des jumeaux !

— De quoi ? Non, mais c'est pas possible, comment je vais faire ?

Aussi étrange que cela puisse paraître, à l'annonce officielle de ce que j'avais su dès le départ, je me sens remplie d'amour, de joie et surtout je n'ai plus peur. Elle est partie au moment où j'ai entendu le mot « jumeaux ».

Denis est livide, paniqué, il appelle son frère, il lui annonce la nouvelle en larmes et j'entends son frère éclater de rire. Moi je flotte, je me laisse porter. J'appelle ma mère.

— Maman, tu fais quoi ?

— Je tricote la couverture de naissance pour cacahuète.

— Ah ! Et est-ce que tu as assez de laine pour en faire une deuxième ?

— Je ne sais pas trop attends je regarde. Mais pourquoi tu me dis ça ? Il y a un problème ?

— Pas du tout, c'est juste que cacahuète n'est pas seul. Il y a noisette aussi, ce petit coquin s'était caché jusque-là et on ne l'avait pas vu !

— Hein ? Mais de quoi tu parles ? Je comprends pas… Cacahuète, n'est pas seul ? Et c'est qui, Noisette ?

Un blanc s'installe, je lui laisse le temps de réfléchir quand soudain :

— Oh putain, oh putain, ce sont des jumeaux ! Oh, mon Dieu, ils sont deux !

Ma mère avait une grande théorie sur la manière dont une femme devait réussir sa vie. Elle m'a tout le temps dit que toutes les femmes de la famille avaient eu deux enfants avant 24 ans. Moi j'en avais 23 et j'étais à peine enceinte j'avais donc pas fait comme toutes mes ancêtres. Quelque part, j'ai loupé ma vie. Quel ne fut pas mon plaisir de lui dire :

— Tu vois j'ai fait mieux que toutes les femmes avant moi, moi j'en ai fait deux d'un coup et qui naîtront quand j'aurai 24 ans.

— J'avoue que là tu as fait fort ma fille. De toute façon, tu ne fais jamais rien comme tout le monde !

J'ai tout pour être heureuse, ça y est, je suis complète ! Les vomissements s'arrêtent, mon ventre s'arrondit. Tout le monde s'inquiète, mais moi je sais. Comment me direz-vous ? Je ne peux pas l'expliquer, mais je sais. On est trois à partager un seul corps, pas des plus gros en plus, mais c'est pas grave, je sais que ça ira.

Les gens nous demandent souvent comment on va faire avec des jumeaux, pourquoi on va avoir des jumeaux « C'est naturel ou pas » ? La réponse de Denis est sans appel. Elle est de loin une des plus belles phrases qu'il m'ait été donné d'entendre.

« Les gens normaux qui s'aiment normalement ont un enfant, nous on s'aime tellement qu'on en a fait deux. Et comment on va faire : eh bien je vais aider ma femme, on a quatre bras pour deux enfants et beaucoup d'amour. On y arrivera. »

Je l'aime, mais quand il prononce cette phrase mon cœur s'emballe et je retombe amoureuse de lui encore et encore.

Chaque jour qui passe, je réalise la chance que j'ai d'être avec cet homme si extraordinaire. Il a des solutions à tout.

Problème : j'ai peur des hôpitaux, je ne sais pas si je vais arriver à avoir nos enfants dans cet endroit qui sent la maladie.

Solution de Denis : c'est pas grave, on va prendre une sage-femme, tu vas accoucher à la maison si tu veux.

Problème : je ne veux pas accoucher sans Juliette !

Solution de Denis : c'est pas grave, on la prend avec nous. Je sais que tu as besoin d'elle.

Problème : j'ai pas envie d'avoir de vergetures !

Solution de Denis : d'accord, je vais à la pharmacie ! Il reviendra avec 4 pots de crème et 1 d'huile et mettra un point d'honneur à m'enduire tous les soirs.

Problème : j'en ai marre de ma mère, elle a toujours quelque chose à dire, quand je lui dis que j'ai mal au ventre ou que ça me tire dans le dos elle me répond : « j'ai eu deux enfants et je ne me suis pas plainte comme toi ».

Solution de Denis : appeler ma mère et lui dire « avant de vous comparer à ma femme, commencez par porter deux enfants en même temps après vous aurez droit à la parole. »

Problème : notre appartement est trop petit.

Solution de Denis : c'est pas grave, on déménage.

Avec lui tout est simple, rien n'est grave. C'est tellement sécurisant, moi qui angoisse pour un rien. Mon ventre s'arrondit de plus en plus, il ressemble maintenant à une grosse pomme. C'est encore l'heure de l'écho, vous savez celle des sexes. Denis tient à avoir un garçon, moi je tiens vraiment à ne pas avoir de fille. Quand je vois la relation que j'ai avec ma mère, je n'ai pas envie d'avoir une fille et de revivre la même chose. Elle me dit souvent que notre relation est due à ma forte personnalité, qu'elle subit mes colères et qu'avec mon frère c'est plus simple. Donc deux garçons, ça serait parfait. Une première écho ira dans ce sens, mais celle du lendemain ne l'entendait pas de cette oreille.

— Alors vous connaissez les sexes ? me demande mon gynécologue.

— Oui oui deux garçons, on l'a su hier après-midi.

— Ah ! Eh bien désolé de vous décevoir, mais regardez la télé en face de vous.

— Ben quoi, dit Denis, on voit bien le machin de mon fils !

— Oui oui Monsieur, mais regardez à côté.

— Il y a un cœur, lui dis-je, mon fils sera romantique, il a le cœur entre les jambes.

— Non, madame, c'est une fille !

— Une quoi ? Vous êtes sur ? Non, mais c'est pas possible ! lui dis-je en larmes.

— Oh trop bien, lui lance Denis, le choix du roi ! La princesse de son Papa d'amour !

Je suis incapable d'être la maman d'une fille, comment je vais faire ? C'est pas le modèle que j'ai eu qui saura m'aider. Je ne vais pas la rejeter elle qui est si petite, mais je ne sais pas comment je vais faire. Et voilà que mon amie la peur revient à mes côtés.

Chapitre XVIII

Les jours passent, je n'arrive toujours pas à me projeter maman d'une petite fille. Pourtant de l'extérieur rien n'y paraît. Je suis ronde comme une grosse pomme et j'aime ça. Je fais les magasins, nous avons choisi les prénoms, en prenant grand soin de satisfaire ma famille. Pourtant au fond de moi il y a cette angoisse qui ne me quitte pas. Mon anniversaire approche, il fait très chaud, que c'est dur d'être enceinte en plein été ! J'ai dû arrêter de travailler, mon corps commence à fatiguer, mon médecin veut que je me repose.

Pourquoi ai-je peur à ce point de devenir maman d'une petite fille ? Pour mon fils c'est une évidence, mais ma fille, je suis terrorisée. Je l'aime déjà énormément, elle qui est si douce, qui bouge si doucement comme si elle s'excusait d'être là. Elle méritait tellement mieux que moi, mon fils aussi d'ailleurs. Mais le destin a choisi de nous réunir, dans quel but ? Peut-être que c'est à moi de briser les chaînes de la répétition. Dans ma famille, les relations mère-fille sont au cœur de bon nombre de maux. Ma grand-mère a été abandonnée par sa mère étant enfant. La pauvre a été élevée par une nourrice, puis un peu sa mère qui était plus maquerelle que mère, et pour finir elle est partie dans un pensionnat pour jeune fille où dès sa première sortie elle a épousé un jeune homme qui travaillait dans les champs. Il était beau, grand, la peau cramée par le soleil du midi, de grands yeux verts et un sourire digne des plus grands acteurs hollywoodiens. Il ressemblait à Zorro. Ma grand-mère était haute comme trois pommes, elle avait un sourire malicieux et de grands yeux gris. Quand on la regardait, on avait l'impression d'admirer une éclipse. Lui ressemblait à un homme du voyage, un vagabond, elle ressemblait à une perle allemande avec son teint laiteux. Ensemble, ils ont eu trois enfants, une fille et deux garçons. Ma mère et ma grand-mère ont toujours eu une relation très étrange, elles s'aimaient autant qu'elles se détestaient. Ma mère faisait tout pour lui plaire, mais ma grand-mère n'avait d'yeux que pour ses fils. Eux, c'étaient des voyous, le genre de personne qu'on craint, ils faisaient partie de ces hommes qui vous coupaient la route, et vous vous excusiez d'avoir croisé leur chemin. Ma mère nous a eus mon frère et moi, et elle a reproduit ce qu'elle a vécu, en prônant de ne pas le faire. Moi je n'avais pas conscience de tout cela, mais je baignais dedans et force est de constater que cette histoire m'avait imprégnée. Elle est gravée au plus profond de mes cellules et si je ne faisais pas quelque chose, j'allais le transmettre à mes enfants.

C'est donc rapidement que je me suis mise à la recherche de quelqu'un qui allait briser ce lien. Je croyais dur comme fer que quelqu'un pouvait m'aider. Après de longues recherches, plusieurs consultations, le verdict est tombé : le lien est trop fort, la douleur transgénérationnelle est trop puissante, je ne peux rien faire de plus. Je me résilie alors, et je ne lutte plus. Je vais avoir une fille et un garçon, ils ne seront pas parfaits, moi non plus, mais je ferai de mon mieux.

Chapitre XIX

Nous sommes le 1er août 2010, il est 15 h, j'ai rendez-vous avec mon gynécologue, c'est l'heure du bilan. Au programme, écho, monito, bilan sanguin. Après une petite heure et avec une voix tremblante, il m'annonce « Vous avez un fond contractile, on vous garde pour la nuit ! » Un quoi ? Mais c'est quoi ce truc ? Je ne sais pas tout, mais je sais déjà que je ne rentrerai pas chez moi ce soir.

Je suis installée dans une chambre avec une merveilleuse vue sur la route, heureusement que les fenêtres ne s'ouvrent pas sinon j'aurais en plus le son et l'odeur. Dans la soirée, une sage-femme vient me voir, elle se montre très disponible et me pose enfin la question « Comment allez-vous ? »

— Je vais bien, lui dis-je de manière automatique.

— D'accord, je vais vous poser votre monitoring et je vais rester un peu avec vous.

Elle s'affaire et revient à la charge en s'asseyant sur mon lit.

— Comment allez-vous ?

— Je vais très bien.

— J'ai un peu de mal à vous croire, vous regardez le monitoring sans cesse et vous avez le regard inquiet. Vous savez c'est tout à fait normal. Vous commencez à vous faire du souci pour eux et vous n'avez pas fini !

— Pour être honnête, je ne comprends trop ce qu'il se passe, je sais qu'il y a un souci, mais je ne sais pas lequel ?

— Votre utérus tremble, vous avez des petites contractions qui font travailler votre col de l'utérus. Il faisait 50 mm hier et aujourd'hui il est à 25 mm. Votre terme étant dans 3 mois, nous devons vous surveiller tous les trois. Pour le moment, rien ne laisse présager une naissance imminente.

Naissance imminente ! Le mot est dit. Je suis seule dans cette chambre, Denis est rentré à la maison. J'aimerais tellement qu'il soit là, il sait si bien gérer mes angoisses.

— Bébé c'est moi, je ne vais pas très bien, la sage-femme m'a dit que j'étais en menace d'accouchement prématuré.

— Je sais ma beauté, le docteur nous l'a dit tout à l'heure, mais à ton regard j'ai bien vu que tu n'avais pas imprimé toutes les informations. Écoute, si c'est le cas, on ira faire un petit tour à Marseille.

Marseille, c'est le seul endroit de la région où il y a une maternité de niveau trois, c'est-à-dire avec une réa néonat. Ça sera là où nos enfants continueront de mûrir s'ils arrivent trop tôt. Pour le moment, ils sont bien au chaud et on va tout faire pour qu'ils y restent.

Au petit matin, une drôle de sensation me réveille. Mon ventre durcit. Je ne comprends pas trop ce qu'il se passe. Je n'ai pas mal. Mon ventre tout rond se transforme en espèce de triangle dur. Et puis tout redevient normal. Un peu plus tard, ça recommence. Étant dotée d'une logique imparable, je prends mon téléphone et j'appelle ma mère. Oui oui, vous avez bien lu, je suis à la maternité, il est 6 h du matin, j'ai un souci et… j'appelle ma mère…

— Maman, j'ai un souci, mon ventre devient dur, je ne comprends pas. J'ai pas mal du tout.

— Écoute, je vais me faire un café, on va papoter et tu me dis quand ça recommence.

— D'accord.

— Sinon tu as passé une bonne nuit ?

— Oui oui, j'ai été réveillée une fois, car Alice a encore eu le hoquet. La pauvre, elle l'a tout le temps. Maman, ça y est, ça recommence !

— OK respire ça va pas durer.

— Oui oui, ça commence à passer, ça me gêne, mais ça ne fait pas mal.

— D'accord, et Tao, il bouge toujours autant ?

— Ah oui, le gynéco m'a dit qu'il allait courir partout ! Mais pour le moment, c'est dans mon ventre qu'il court ! Autant Alice est douce dans ses petits mouvements que Tao est déjà un vrai p'tit mec ! Ah, Maman, ça recommence !

— Bon OK, Aby, mais là tu vas sonner pour appeler la sage-femme, car tu as des contractions et là elles ont 2 minutes d'intervalle, donc panique pas, mais sonne.

— J'ai des quoi ? Mais tu m'as dit que ça faisait super mal et j'ai pas mal du tout.

— Peut-être, mais sonne !

Je m'exécute, après un monitoring, le verdict tombe :

— Madame, on part en salle d'accouchement, votre gynécologue vous attend, nous vous conseillons d'appeler votre mari.

Mon cœur s'emballe, je n'entends plus que lui. Il résonne dans ma tête, je suis allongée sur mon lit, je ne vois que les lumières qui défilent, je vois les sages-femmes qui parlent, mais je n'entends rien, juste les battements de mon cœur qui résonnent.

— Madame, vous avez appelé votre mari ? Il faut le prévenir, vous êtes en travail, nous allons devoir vous évacuer à Marseille.

— Ça veut dire que les jumeaux vont arriver aujourd'hui ?

— Oui Madame, il y a de fortes chances ! Vous voulez qu'on l'appelle à votre place ?

— Non, je vais lui annoncer.

Je dois attendre la quatrième sonnerie pour que Denis décroche :

— Je suis à l'appel ma beauté, je peux te rappeler ?

— Non tu ne peux pas bébé, on part faire un tour à Marseille, les jumeaux ont décidé de pointer leurs nez aujourd'hui !

— Quoi ? Mais ils ont trois mois d'avance ! Putain ! Je me change et j'arrive !

— Ne va pas te tuer sur la route, j'ai besoin de toi !

— T'inquiète paupiette, je gère, à tout de suite ma beauté, et serre bien les cuisses !

À ces mots, j'éclate de rire, ce qui surprend tout le petit monde qui s'affaire autour et dans moi.

Mon gynéco explore mon intérieur, pendant que la sage-femme me fait une écho et qu'une infirmière me pose une perfusion. Les ambulanciers arrivent, Denis n'est toujours pas là. Je commence à le sentir vraiment mal, on n'avait pas prévu ça ! Au départ de l'action, je voulais accoucher chez moi avec ma Juliette et Denis, et je me retrouve perfusée et monitorée, sans Juliette ni Denis. Tout s'accélère, je suis prête pour le transport, je suis stable, comme dit le médecin, mais il ne faut pas trop traîner, mon état risque de s'empirer. Il nous faut donc partir, Denis n'est toujours pas là. Les larmes me gagnent. On quitte la salle d'accouchement, on emprunte un couloir étroit, je ne vois encore que les lumières qui défilent. Des lumières et des gens, vus du dessous, des voix que je ne connais pas, quand soudain j'entends :

— Eh ben alors, on part se promener sans moi ?

Denis ! Sa voix, je la reconnaîtrais entre mille ! Au son de sa voix, les larmes que j'avais tant de mal à contenir coulent. Il s'approche de moi, lui aussi je le vois de dessous, je suis obligée de vous avouer que j'avais jamais vu ses narines d'aussi près et elles sont grosses, mais qu'importe ! Ses bras sont si réconfortants qu'en l'espace d'un câlin, je me sens invincible. On se regarde, on s'embrasse, on se câline, on se sent. Je lui glisse alors à l'oreille :

— Ne t'inquiète pas, je serre les cuisses, rendez-vous à Marseille.

— T'es une machine ma beauté ! Rendez-vous à Marseille.

Je suis accueillie telle une star de série B, je me sens comme dans une célèbre série médicale, il y a le médecin-chef, le sous-chef et les internes, avec une sage-femme, l'élève sage-femme et l'infirmière.

— Jeune Femme de 24 ans, grossesse gémellaire de 28 semaines d'aménorrhée, contractions toutes les 5 min, perfusion de Tractocyl, tension à 12/8.

Eh oui tout ça c'est moi, nous, c'est un résumé de nous 3 en 2 secondes. On nous met dans une salle sombre, les murs sont vert cramoisi, le sol en lino bleu, des meubles blanc cassé, niveau déco ils sont vraiment pas bons, j'espère qu'ils sont quand même meilleurs en médecine. J'aurais tellement aimé être auscultée par le sosie du docteur Mamour, mais je vais devoir me contenter du sosie de Jean Claude Dusse, mais sans l'humour, il a un air froid et austère. Après avoir exploré mon intimité, il invite son interne à faire de même, ensuite ça sera le tour de la sage-femme et de son élève. À ce moment-là, je ne sais plus si j'ai un vagin ou si c'est une visite de la grotte de Lascaux.

— Madame, Monsieur, nous allons vous envoyer un anesthésiste pour votre accouchement qui se fera sans doute dans la journée. Il faut que vous sachiez que vos enfants ont 20 pour cent de chance de s'en sortir, mais ça sera avec de grosses séquelles.

— Comment ça Docteur ? lui demande Denis, vous êtes en train de nous dire qu'ils ont quatre-vingts pour cent de chance de mourir et s'ils s'en sortent, ils seront handicapés ?

— Oui, Monsieur.

— Je vais serrer les jambes, personne ne va naître aujourd'hui ni demain ni après-demain. Vous m'avez bien entendue les jumeaux ? Vous restez dedans ! leur dis-je en me caressant le ventre.

— Madame, l'intention est bonne, mais plus vous touchez votre ventre et plus les contractions vont s'intensifier. On va renouveler votre perfusion, l'anesthésiste va venir vous voir et on va prier.

Prier ? Mais je sais pas faire… Denis et moi croyons en notre amour, mais pas en autre chose. Alors comme pour prier, nous nous prenons les mains, nous nous regardons et nous savons.

La douleur prend en intensité, j'ai l'impression qu'on me plante des aiguilles à tricoter dans les reins, j'ai envie de crier tellement j'ai mal, les mots de ma mère me reviennent en tête « accoucher c'est la douleur la plus atroce », « quand tu souffres, tu serres les dents et tu maîtrises la douleur, on n'est pas des tafiolles » et elle a raison, c'est très douloureux et comme elle me l'a dit je dois maîtriser ma douleur. Denis me dit de ne pas hésiter à pleurer ou même crier si j'en ai besoin, mais il n'en est pas question, je suis plus forte que ça. Je prends le drap entre mes mains, je le serre de toutes mes forces et je respire. Une larme viendra quand même agrémenter tout ça. Il se passera 17 h avant que les contractions ne cessent subitement. Quand on me conduit à ma chambre, je me permets même de dire au médecin : « je vous avais dit que personne n'allait naître aujourd'hui ». Il me répondra : « demain ou un autre jour ». Et je finirai par : « demain sera comme aujourd'hui, personne ne naîtra ».

Les jours s'enchaînent, Denis ne loupe jamais une visite, il fait les allers-retours tous les jours et tous les jours j'ai droit à une attention différente : bonbons, gâteaux, livre, bijoux… J'ai tellement de chance de l'avoir ! Les journées sont longues, je n'ai pas le droit de me lever, j'ai des œdèmes sur les bras, tous les deux jours on me change la perfusion de place. J'ai le droit de prendre une douche un jour sur deux. Alors, autant vous dire que j'attends les visites de Denis avec impatience. Il a toujours un mot doux, drôle ou un potin. Il n'y a jamais de temps mort avec lui, même quand il s'endort sur la chaise. Ses ronflements résonnent tellement que les infirmières en rigolent. Une d'entre elles nous dira même qu'on est le couple le plus beau qu'elle ait vu passer ici.

Quatre semaines sont passées, je ne contracte plus depuis 72 h, mon col ne bouge plus non plus. Je vais pouvoir rentrer chez moi. Enfin ! Je pensais que j'allais retrouver une vie normale, mais non, je pouvais rentrer, mais à condition d'avoir une sage-femme à domicile tous les 2 jours, et obligation de rester allongée le plus possible.

— Coucou Binou, ça y est tu es rentrée ?

— Oui Maman, enfin, même si je dois passer mon temps allongée, je suis déjà mieux chez moi.

— Bon, je suis allée chez New Baby, j'ai vu une super chambre pour les jumeaux, je te l'ai commandée. Il faudra que tu ailles la payer.

— Tu as fait quoi ? Tu as choisi la chambre de mes enfants ? C'est une blague, même ça j'ai pas le droit de le faire ?

— Non, mais tu es sérieuse, je te rends un service et encore tu râles ! Plus on en fait avec toi, moins tu es reconnaissante.

— Désolée, mais ce ne sont pas tes enfants, mais les miens, c'est à Denis et moi de choisir ce genre d'achat. Tu n'as pas à commander une chambre sans même qu'on l'ait vue !

— Oh ça va, ta leçon de morale, elle est blanche et bois. Elle est belle et voilà. Et toi au lieu de dire merci, ben non tu m'envoies chier comme d'habitude. Ta grand-mère a bien choisi ton prénom et je n'ai rien dit. Tu es ingrate.

— Non, mais je rêve, jusque-là tu vas ? Et en plus, tu aimerais que je te remercie. Et juste pour savoir, combien elle coûte ?

— 1500 €.

— Quoi ? Non, là c'est trop.

— De toute façon, elle est commandée parce que tu vas accoucher bientôt et tes enfants n'ont toujours pas de lit. Quelle super mère tu vas faire !

— Bientôt, on est fin août et mon terme est en novembre.

— Fais du bien à Bertrand, il te le rend en caguant ! Bonne journée.

Elle me raccroche au nez. Je sens cette colère monter en moi, un feu de rage, même ça elle me le prend… Comment l'annoncer à Denis ? Je me sens dépossédée de tout. Les prénoms, on les a choisis en fonction de ma famille, la poussette en fonction de la taille du coffre de la voiture, la nouvelle voiture en fonction de la taille de la poussette et des cosys et maintenant elle choisit la chambre. Et pourquoi pas me les prendre dès qu'ils seront là ? Et me dire que je ne serai pas une bonne mère ?

Sur ces entre-faits, la sage-femme arrive, Michelle, un ange d'une douceur incroyable. Voyant mes larmes couler, elle s'inquiète et me demande ce qu'il se passe. Je lui réponds que mes hormones me jouent des tours. Après tout, je dois avouer que je ne suis pas fière de ne pas avoir choisi de chambre pour mes enfants. Maman a sans doute raison, quel genre de mère fait ça ? Une mauvaise mère comme moi. J'inspire un grand coup et je change de sujet de conversation. Une fois le monitoring fini et une petite auscultation, Michelle m'annonce qu'il faut vraiment que je reste calme et sereine. Je recommence à avoir un fond contractile. Elle ne me fait pas hospitaliser, mais à condition de me préserver. Me préserver ? Ce mot résonne en moi, elle a raison je ne suis pas seule à habiter ce corps je dois faire attention et si les autres ne le font pas, je dois tout faire pour garder mon calme.

Seule sur mon canapé, je suis plongée dans mes pensées, je n'entends même plus le son de la télévision. Je n'entends que la voix de ma mère qui me dit, quel genre de mère seras-tu ? Elle a raison, je n'ai pas pensé à la chambre des jumeaux. Nous habitions dans un T2, nous devions déménager mi-juillet pour un T4. Notre futur logement est neuf et les travaux ont pris du retard. Nous devrions déménager pour novembre. Je pensais avoir encore le temps. À l'hôpital, on m'avait dit que si les jumeaux arrivaient, ils seraient hospitalisés au moins jusqu'à leur terme théorique début novembre. Après tout, peut-être que je me cherche des excuses, ma mère a raison, je suis pas sur la bonne voie. Je mets alors mes mains sur mon ventre, comme si je prenais mes enfants dans mes bras, je les serre fort et je m'excuse d'être si imparfaite, je ne les mérite pas. Un flot de larmes m'envahit, une vague de culpabilité l'accompagne, une véritable tempête se lève dans mon cœur de future maman. Je suis complètement perdue, entre l'amour que je leur porte, l'envie d'être leur maman et le désir ardent de laisser mon corps sur le canapé et partir en courant. Mon inconscient pense, à ce moment-là, que mon corps est une salopette que je peux mettre et enlever à ma guise. Quand mon conscient réalise que laisser mon corps équivaudrait à abandonner mes enfants, je m'insulte de tous les noms, je ne vaux pas mieux que mon géniteur ; au final Maman avait encore raison : je suis bien une Louis. Étant petite, elle me disait souvent que j'étais typiquement comme mon géniteur quand je faisais quelque chose qui ne lui plaisait pas. Je serre fort ma Juliette contre moi, je caresse mon ventre et je m'excuse auprès de mes petits. Je vais faire mieux, je vais être une maman solide, du moins je vais tout faire pour.

Chaque jour qui passe je mets une croix sur mon calendrier, et je compte tous les jours le temps qu'il me reste avant mon terme. Tous les deux jours, Michelle vient me rendre visite, elle est d'un soutien sans faille. Elle a compris que la maternité pour moi était compliquée sans même que je le lui dise. Elle a toujours une belle parole, un conseil bien avisé, une attention. Michelle a une voix rauque, due à son paquet de cigarettes par jour, elle est menue et a de beaux yeux bleus. Peu à peu, je reprends confiance en moi, elle me demande toujours comment je me sens et comment je ressens mes bébés. Elle me demande aussi de les décrire. Je lui parle alors volontiers de la douceur des gestes de ma princesse et des coups de footballeur de mon fils. Ils me font déjà des misères, une prend mon estomac pour un coussin, l'autre mes côtes pour des cages de foot. Je lui raconte mes nuits debout à bercer mon ventre afin que le hoquet de ma fleur se calme, mes sursauts quand mon petit zizou se met à bouger dans tous les sens. Un jour, elle me dira une phrase qui restera gravée en moi sans que je sache réellement comment la mettre en application : les parents que nous avons eus ne sont pas les parents que nous serons.

Chapitre XX

Nous sommes le 30 septembre 2010, il fait très chaud, il me reste encore 6 semaines avant mon terme. Il y a dix jours, nous avons payé la chambre que ma mère avait commandée. La vendeuse était tellement mal qu'elle a proposé gentiment d'annuler la commande, mais le mal était fait, nous avons donc payé. Denis n'a fait aucun commentaire, il me voyait tellement triste. La semaine dernière, ma mère s'est mise en tête de venir chez nous quand les jumeaux arriveront pour nous aider. L'intention est bonne, mais pitié qu'elle l'oublie ! J'ai besoin de tout sauf d'avoir des leçons de morale les premiers jours où je vais rencontrer mes enfants. « Ne le tiens pas comme ça, ne fais pas ça » je l'entends d'ici... Mon Dieu, ça m'angoisse déjà. Je suis face à mon miroir, je me regarde et je dois avouer que je me trouve belle. Ronde, mais belle.

« Alors ma beauté, tu fais vite, on va être en retard au rendez-vous !

— Je me regarde, je me trouve belle, j'en profite parce que c'est la première fois que je suis grosse et belle en même temps.

— Tu es belle tout le temps, mon bébé. Mais arrête de t'extasier, on va vraiment louper le rendez-vous. »

C'est un grand jour, aujourd'hui on va faire une échographie 3D. On va enfin voir les visages de nos bébés. Quelle chance !

Nous décidons de nous offrir un petit restaurant en amoureux en sortant de chez le médecin. Nous entrevoyons déjà une petite liberté, j'ai le droit de sortir un peu, je ne contracte plus trop, mon terme se rapproche. On peut donc s'accorder un peu de répit. Pour l'heure, nous attendons dans une salle d'attente sans fenêtre, le sol est recouvert d'une moquette rouge vif, aucune chaise ne ressemble à sa voisine, les magazines sont périmés depuis 1 an, mais malgré ce décor somme toute très original, nous rêvons à cette vie à 4 qui se précise de plus en plus.

— Tu sais ma beauté je suis fier de toi, tu n'as rien lâché, je sais que pour toi c'était compliqué, tu es jeune, tu n'as pas forcément eu le bon exemple, malgré tout tu as tenu bon. Je suis fier que tu sois la mère de mes enfants. J'espère que notre fille sera comme toi. Forte, courageuse et aimante. Ça y est mon bébé, nous touchons au but, il ne nous arrivera plus rien.

Je suis tellement touchée par ses mots que j'en reste sans voix. La seule chose qui sortira c'est un timide « merci d'avoir été là ». Au moment où nous nous embrassons, une voix grave nous interrompt.

« Mme Lefebvre ? Allez, on y va ! »

Après un petit récapitulatif, me voilà allongée sur la table d'auscultation. Mon cœur s'emballe, j'ai tellement hâte de les voir !

— Bon commençons par J1, un petit garçon, il a bien deux mains, deux pieds, oh là là celui-là est vif, regardez ses pieds bouger. Est-ce que vous voulez voir son visage ? Regardez !

Je retourne ma tête comme si je voyais mieux sur l'écran qui était à côté de moi, alors qu'il y en avait un en face. Et là, je vois le plus beau petit extra-terrestre de ma vie. Il a des yeux en amande, on devine un joli petit nez juché au-dessus d'une minuscule bouche fine.

— Il est en pleine forme ce petit bout. Il a un bon périmètre crânien, n'hésitez pas à demander une péridurale quand ça sera le moment… Il pèse 2k400 pour 45 cm. Écoutons son petit cœur.

Quelle merveilleuse mélodie, le temps se suspend. Je suis en apnée afin que le bruit de ma respiration ne vienne pas troubler cette douce musique.

— Passons à J2, une petite fille, comme pour le premier bébé tout est à la bonne place, elle ne bouge pas beaucoup, elle a l'air bien plus calme. Découvrons son petit minois.

La rencontre fut à couper le souffle, comme son frère elle ressemble à un être venu d'ailleurs. Elle aussi a des yeux en amande, un petit nez épaté comme son papa et une jolie bouche pulpeuse en forme de cœur. Elle est si belle.

— Elle pèse 2 kg environ et mesure 45 cm. Elle a une plus petite tête que son frère, les deux ont bien la tête en bas. Madame, il n'y a, à ce jour, aucune indication de césarienne, encore un peu de repos.

— On peut écouter les battements de cœur de notre fille, s'il vous plaît ?

— Madame, Monsieur, passons au bureau. Vous savez, les battements du cœur d'un enfant ne sont pas forcément réguliers et c'est le cas de votre fille. Si vous l'entendez, ça va générer un stress inutile chez vous. D'après ce que je vois sur votre dossier, vous avez rendez-vous mardi avec votre gynécologue. Je vous fais un courrier, dedans je vais lui demander de mettre fin à la médication anti-contraction et de ne pas tarder à vous faire accoucher. Votre fille ne grossit plus trop, elle n'a plus trop de place, son cœur ralentit. Il serait bon pour elle que la grossesse prenne fin.

Nous sortons de là sous le choc, nous oublions rapidement l'idée de nous faire un restaurant en amoureux et nous décidons de nous rendre à la maternité. Nous avons tellement lutté pour avoir des enfants en bonne santé, hors de question de prendre le moindre risque à six semaines du terme. Après avoir fait irruption dans le bureau de mon gynécologue, un rapide coup d'œil au compte rendu, la sentence tombe : « montez tout de suite au bloc d'accouchement, j'appelle la sage-femme de garde, elle va vous mettre sous monitoring, je monte à la fin de mes consultations ».

Dix minutes plus tard, me voilà saucissonnée à cette machine où on distingue deux lignes, une au-dessus de l'autre, l'une représentant les battements du cœur de ma fleur et l'autre de mon chat. Le stress monte d'un cran au bout d'une heure, quand la ligne de ma petite orchidée rejoint celle de son frère.

— Denis, va chercher quelqu'un, il y a un problème, regarde les lignes.

La sage-femme qui arrive dans la chambre nous dit qu'il s'agit d'un problème de machine qu'elle va la changer. Trente minutes après le changement, ça recommence. Je sens en moi un étrange sentiment. Il y a un problème, je ne sais pas l'expliquer, mais tout mon corps le sait. Je ne comprends pas ce qu'il se passe, mais je ressens une grosse peur.

— Que se passe-t-il ?

— Rien Madame, ne vous inquiétez pas, il y a un problème encore de machine, on n'arrive pas à dédoubler les battements des cœurs.

À ces mots, mon cœur se sert, elle fait fausse route, j'ose enfin me faire confiance et tenir tête à la sage-femme.

— Je suis désolée de vous dire ça, mais il y a un problème, c'est la deuxième machine qui ne fonctionne pas. Mais à mon avis, elle fonctionne très bien, c'est le cœur de ma fille qui ne va pas, elle a une faiblesse, ça ne va pas aller !

— Mais non Madame, je connais mon travail, c'est juste un problème de machine.

— Et moi je connais ma fille, c'est pas la machine, c'est elle !

Je n'ai pas le temps de finir ma phrase que sous nos yeux la ligne baisse encore, elle passe donc en dessous de celle de mon fils quand soudain elle disparaît. Mon cœur s'arrête quand j'entends la sage-femme hurler « code bleu ». Mon gynécologue rentre dans la chambre et demande à Denis de sortir dans le couloir avec lui. Tous deux sortent et mon gynécologue dit à Denis : « Je vais faire ce que je peux ». À ce moment-là, je ne saisis pas vraiment la gravité de la situation, je regarde Denis qui est revenu auprès de moi blanc comme un linge et je lui dis que ça va aller, on va gérer. Et il me répond, tu avais raison hier soir, c'était notre dernière nuit à deux. Ses beaux yeux verts sont remplis de larmes, son visage si doux est dévasté par le chagrin, sa silhouette disparaît derrière les portes battantes du bloc opératoire. Mon gynécologue me demande d'aller m'allonger sur une table, une personne m'enlève mon pantalon, une découpe mon t-shirt, une m'introduit une sonde urinaire, sans m'avertir, une douleur vive m'envahit, tout le monde s'agite, parle vite, fort, j'entends « on en a perdu un, il ne faut pas perdre le deuxième ». Dans ce KO je remarque deux grands yeux bleus qui se dirigent vers moi, derrière son masque une voix familière laisse échapper un « NON, PAS TOI ! ». Il baisse son masque et là je me rends compte qu'il s'agit du père de ma Gigi, il est infirmier anesthésiste et il est de garde pour les urgences ce jour-là. Quel soulagement de ne pas être seule face à ça ! Il me saisit la main et me dit :

« Je suis là, je suis avec toi, je ne te lâcherai pas, je te le promets. » Une autre voix annonce « Je fais quoi ? Une rachianesthésie ou une générale ? » et mon gynécologue répond « Bouge, sinon je tranche à vif ! ». D'un seul coup, je sens des picotements dans mon corps, les yeux bleus perçants du père de Gigi me soutiennent et il me dit « Laisse-toi faire ça va aller, je suis là ».

Une douleur violente me sort de ma léthargie, le père de Gigi m'appuie sur le ventre, je sens un liquide chaud couler entre mes jambes. J'essaie d'ouvrir mes yeux, je sens quelqu'un tenir ma main gauche. Tout est flou, je ne comprends pas trop ce qui se passe. Je persiste à vouloir ouvrir mes yeux, mais c'est trop dur, je sombre à nouveau. Je ne sais pas combien de temps après, j'entends quelqu'un pleurer. Je reconnais les sanglots de Denis, je puise en moi toute la force que j'ai pour ouvrir mes yeux, je le devine, le visage plein de larmes. Une déferlante de souvenirs s'abat sur moi. Ma fille ! Où est ma fille ?

Je lutte pour rester éveillée quand les portes de la salle de réveil s'ouvrent. Steph, qui travaille à la maternité où je viens d'être césarisée, rentre en poussant une couveuse. Une couveuse = un bébé, logique. Je m'effondre. Steph me dit alors « Regarde ton fils comme il est beau », je lui réponds « Ma fille, où est ma fille ? » « Elle est là, à côté de lui, regarde comme elle est belle ».

Je lance un rapide regard, je sens le sommeil m'envahir, dans un dernier élan avant de sombrer, je demande à Denis, ce qui sera une question existentielle dont on parlera longtemps.

« Est-ce qu'ils ont tous leurs doigts ?

— Oui, ne t'en fais pas !

— Tu as bien compté ? Il y en a beaucoup, ils sont deux ! »

Je n'aurai pas de réponse dans l'immédiat, je sombre à nouveau.

Quand je reviens à moi, je suis en transfert entre la salle de réveil et ma chambre. Quand je rentre dans cette dernière, il y a un monde fou, mes parents, les parents de Gigi, Steph, Alex, Denis et toute la garde du jour des pompiers. Soit une vingtaine de personnes. Je suis touchée par tant d'amour, mais au fond j'ai juste envie d'être avec Denis et nos enfants. Je ne réalise pas encore.

Je suis à peine réveillée, je suis sondée, je suis nue, mais apparemment ça ne gêne personne sauf moi. Les dernières personnes à partir sont mes parents, ma mère n'hésite pas à rappeler :

— Mon petit Denis, je vais te préparer un bon apéro et un bon repas, tu as passé une rude journée, je vais bien m'occuper de toi. On viendra te voir demain Aby. Bonne nuit.

Je suis soulagée et en colère. Il a passé une rude journée, il faut qu'on s'occupe de lui ! Et moi non, c'était peut-être une partie de plaisir, ce matin je me lève enceinte, ce soir je me couche maman, je viens d'être tranchée et j'ai accessoirement failli perdre ma fille, mais non, moi, on s'occupe pas de moi, pas la peine. Je suis seule dans ma chambre quand Steph rentre avec sa sœur, elle aussi est enceinte, nous avions le même terme, mais j'ai pas tenu la distance. Leur présence brise ma solitude. Mes jumeaux ne sont pas en chambre avec moi, je n'ai pas l'autorisation de me lever, je ne peux donc pas m'en occuper, Steph est de garde cette nuit c'est elle qui les gardera. Nous échangeons quelques banalités, mais sans rentrer dans le détail de mon ressenti, au bout d'un petit moment je me retrouve seule avec Steph qui me dit « Je fais mon tour et je reviens avec tes petits ».

Une heure après, ils entrent dans ma chambre, je ne les ai pas encore bien vus, je ne connais pas leurs visages ni leurs odeurs. Je ne connais pas la couleur de leurs yeux ni l'emplacement de leurs tâches de naissance. Bref, je ne sais rien d'eux et ils ont déjà 6 h. Steph me pose mon fils sur moi, il est si petit, il pèse 1kg900, il ressemble à un petit chinois avec ses yeux en amande. Il a un petit nez fin et une bouche menue. Il a un léger duvet blond en guise de cheveux. Il entrouvre les yeux, il me devine. Je le sens. Je demande à voir ma fille, on fait donc l'échange, un bébé à la fois. Elle a une jolie bouche couleur framboise, bien rebondie, un petit museau tout rond, quand elle ouvre les yeux, je découvre des billes bleues qui louchent. Mon Dieu, une angoisse me saisit.

« Steph, elle a vu un pédiatre, tu sais à cause de son cœur, ou même ses yeux, ce sont des signes de trisomie 21, si ma fille a quelque chose, dis-le-moi. Je suis ton amie, tu me dois la vérité.

— La pauvre enfant a bien quelque chose, me dit-elle d'un ton grave. Elle a une mère fondue ! Qu'est-ce que tu racontes comme bêtises, elle est prématurée de 6 semaines, ses yeux ne sont pas mûrs, ils ne peuvent pas tenir droit seuls. Ça viendra quand elle grandira, laisse-lui du temps. »

Je me sens idiote. Fatiguée, mais complètement idiote, je viens de passer les sept premières heures de ma vie de maman et c'est un échec total. Encore une fois, elle avait raison.

Cette nuit-là fut source d'angoisse terrible, dans une espèce de semi-sommeil je sentais bouger dans mon ventre, dans ma léthargie j'étais convaincue qu'il s'agissait de mes enfants. Or au petit matin, je repris un peu mes esprits et je réalisai alors que mon ventre était vide, que ma chambre était vide. J'étais vide. Le trou béant qui était dans ma poitrine durant mon enfance s'ouvre subitement. Mon souffle se coupe, je suffoque, je ne comprends pas ce qu'il se passe. Je n'ose pas demander de l'aide, je suis forte, je dois affronter ça seule. Je cherche frénétiquement ma Juliette, mais Denis n'a pas pensé à me l'emmener. Tout s'est passé tellement vite hier qu'il a dû oublier. Les larmes m'envahissent, je refuse de céder, je suis une adulte, une maman, je suis à la hauteur. Je respire un grand coup, je mets mon plus joli mouchoir sur ce sentiment et je passe à autre chose. Steph rentre quelques minutes après.

« Je te ramène tes enfants, ma bichette, ils ont passé une bonne nuit, ta fille a mangé toutes les deux heures et ton fils aussi. Il a un peu de mal à téter, mais ça viendra ne t'en fais pas. Il faut les laisser sous une lampe chauffante, ta fleur a du mal à se thermoréguler. Ils vont prendre leur premier bain ce matin. Si on t'enlève la sonde, tu pourras peut-être y aller. Je rentre me coucher, je suis encore de garde cette nuit. À ce soir, je vous aime fort tous les trois. »

Je la regarde partir sans oser lui dire ce que je viens de vivre. Steph est une de mes meilleures amies. La marraine de ma fille et je n'ose rien lui dire. D'ailleurs, je ne pourrais rien dire non plus à Gigi même si elle est la marraine de mon fils. Je vais garder ça pour moi, après tout ça va maintenant.

Je profite de ce premier moment à trois pour regarder mes enfants. Ils sont minuscules, ils sont beaux, ils sentent le bébé. Quand j'étais enfant, ma mère me racontait, l'amour fou qui envahit une mère quand elle voit ses enfants pour la première fois. Et moi j'attends, mais rien ne se passe. Elle me disait qu'une mère donnerait sa vie pour ses enfants. Mais pour ma part, je suis juste vide. Je suis frustrée et je me sens si coupable. Encore une fois, ma mère avait raison, je suis une mère horrible.

Denis et ma mère font irruption dans la chambre. Je cache bien mon état. En même temps, il n'y a rien à dire. Si j'ose parler, Denis va me détester et ma mère jubiler. Je préfère tout garder pour moi. Un sentiment de honte m'envahit.

« Tu vas bien ma beauté ? Et mes enfants, ils vont bien ?

— Oui oui, Steph m'a dit qu'ils ont pris des bibs toutes les 2 heures et qu'ils doivent rester au chaud.

— D'accord, bon on va aller leur prendre le bain.

— Qui on ?

— Ta mère et moi. Toi tu ne peux pas marcher, tu as encore ta sonde et tes perfs. Mais t'inquiète pas on va filmer. »

Une colère horrible me saisit. Comment ça elle va prendre le premier bain de mes enfants, après le choix de la chambre, maintenant le premier bain, ça va être quoi après ? Je la vois partir avec un sourire qui monte jusqu'aux oreilles, chacun d'eux poussant un berceau, et la porte se ferme. Je me retrouve seule, face à mon vide, ma colère, ma jalousie. J'ai envie de tout arracher, la sonde, les perfusions, tout. Je suis furieuse. J'ai envie de hurler. J'entends des rires dans le couloir, ce qui ajoute encore plus d'huile sur le feu. Tout le monde à l'air si heureux, pourquoi je suis si mal ? Après une trentaine de minutes, ils reviennent et je peux à mon tour essayer de tisser ce lien absent avec mes bébés. Je demande à ma mère d'en prendre un des deux, elle me répond « Ils dorment, on ne réveille pas un enfant qui dort ». Je dois donc attendre qu'un des deux se réveille. Le parrain de ma fille vient nous saluer, il ne se passera pas 3 minutes avant qu'il ne se targue d'avoir vu mes enfants avant moi. Phrase à laquelle ma mère répondra « Et moi le premier bain ». Je suis clouée dans mon lit avec une violente envie de meurtre. Mais j'avoue ne pas savoir par qui commencer. Ma mère qui se vante ? Le parrain qui rigole ? Ou Denis qui laisse faire ? Mon frère viendra nous saluer avec un tiramisu, alors que je déteste le café. Tout le monde aura une superbe attention pour les jumeaux. Seules deux personnes pensent à moi. Le père de Denis qui me mènera deux bouquets de fleurs et Isa, la collègue de boulot de Denis qui me dira en me tendant une superbe boîte de gâteaux au chocolat : on pense toujours aux bébés, mais jamais aux mamans alors que c'est le moment où on a le plus besoin d'être soutenue. Elle a tout compris, peut-être est-elle passée par là à la naissance de son fils ? À la fin de la journée, je suis épuisée, j'ai tout loupé des quelques heures de vie de mes enfants. Je suis tellement obnubilée par cette colère. Les jumeaux partent pour la nuit, Denis reste un peu avec moi avant de m'avouer que ce soir c'est la grande fête, il sort avec ses amis pour fêter la naissance des petits. Je suis contente pour lui, mais je suis aussi en colère. Je lui souhaite juste une bonne soirée, qu'il fasse attention à lui. À son départ, mon téléphone sonne. C'est ma mère, elle est dans un bar avec MES amies et elle fête la naissance de MES enfants. Même ça, elle me le prend. Je ne peux m'empêcher de m'effondrer en lui disant que c'est pas juste. Que c'est moi qui en ai chié pour les tenir en vie, c'est moi qui suis mise à l'écart de tout pour mes enfants et qu'elle aurait pu me laisser la primeur de fêter cet événement avec mes amies. À mon cri de désespoir, elle répondra : « Voilà, encore une fois tu râles pour rien, et moi comme un con je t'appelle pour te dire qu'on pense à toi, mais ça ne va encore pas à Madame ! ». J'ai envie de tout m'arracher, de prendre Juliette, mes enfants et de tout quitter. Je n'ai jamais été dans un état de colère comme celui-ci.

Chapitre XXI

D'après le pédiatre de la maternité, les jumeaux sont prêts à sortir, moi aussi, j'en peux plus de l'hôpital, mais Denis pris de panique dit « Eh bien non, ils sont trop petits, vous pouvez les garder encore un peu ? ». Je lui réponds directement « Tu vas rester ici alors et moi je rentre à la maison ». Le médecin s'esclaffe et nous fait le bon de sortie. Devant la voiture, Denis, en tant que bon chef de famille, analyse les cosys. Il les regarde avec ferveur, essaie de les attacher, mais rien n'y fait, ils bougent encore.

— Bon ben on rentre pas, pas question de prendre de risques, ils bougent, on reste ici.

— Ben voyons, laisse-moi faire parce que si on doit rester une nuit de plus ici je pense que je vais tuer quelqu'un. Prends les petits et regarde l'artiste.

Je suis tellement déterminée qu'en moins de cinq minutes nous voilà prêts à partir. En route pour une nouvelle vie à quatre. Ah non, 5 c'est vrai ! Ma mère nous attend à la maison. Une angoisse me monte, ce n'est pas l'idée de monter les trois étages sans ascenseur avec les cosys, ce ne sont pas les biberons toutes les deux heures, ce ne sont pas non plus les fausses routes de mon fils ou encore sa toux. Non non, c'est sa présence. Pourvu que ça ne dure pas…

Nous franchissons enfin le seuil de notre petit nid douillet, je sens les rayons du soleil me caresser le visage. Denis commence à ranger nos affaires, ma mère l'aide, et moi j'observe. Je suis assise sur le canapé, j'ai encore du mal à bouger, normal me direz-vous, avec une cicatrice de plus de dix centimètres en bas du ventre. Je regarde le manège qui se joue sous mes yeux, j'ai envie de remettre les choses à leur place, mais si j'ai le malheur d'ouvrir la bouche je vais encore me prendre une réflexion. Je garde donc ma frustration pour moi. Denis me connaît, il voit bien à mon visage que quelque chose ne va pas.

— Ma beauté, tu sais ce que tu peux faire pour m'aider ? me dit-il avec douceur. Tu vas prendre les jumeaux et les garder sur toi.

Les prendre tous les deux en même temps ? Ce n'est pas qu'ils soient lourds parce qu'à eux deux ils font à peine le poids d'un bébé à terme, mais une angoisse indescriptible me saisit. Sans y prêter attention, Denis pose sur mon ventre nos deux petits anges. Je les observe, ils ont les yeux à demi clos, je les sens respirer. J'ai fait du peau à peau avec chacun d'entre eux à la maternité, mais rien n'était semblable à ce moment. J'ai senti venir du plus profond de mes abîmes une vague étrange : un sentiment. Quelque chose d'intense, d'une violence sans pareil. Un véritable tsunami d'amour m'envahit. Il était d'une chaleur identique à celle des rayons du soleil, puissant comme un ouragan, sauvage telle une lionne en chasse et malgré tout si doux qu'on aurait pu le comparer à du velours. C'était donc ça ? La fameuse connexion mère/enfant, cet amour inconditionnel ? Je ne sais pas, mais à ce moment précis je sais que je ferai tout pour eux.

Une semaine se passe, c'est l'heure du départ. Je cache ma joie pour ne faire de mal à personne, mais je vous avoue que je suis soulagée. La semaine fut compliquée, je n'arrive pas à trouver ma place, elle sait tellement tout faire, et moi je suis juste moi. Je sais que j'ai beaucoup de choses à apprendre, mais je ne suis pas non plus une incapable. Je doute déjà assez de moi, j'ai pas besoin qu'elle me reprenne à chaque fois que j'ai un de mes enfants dans les bras. C'est donc très poliment que je lui souhaite un bon retour. Pour l'occasion, Denis me sort sa phrase culte « Mets tes chaussures on va au resto ». Mon Dieu, dans quoi on s'embarque ? Deux jeunes parents, des nouveau-nés de 1kg800 et 1kg900 et un resto ? Bon OK, après tout on a toujours dit qu'avoir des enfants ne nous empêcherait pas de vivre.

Nous voilà donc partis à l'aventure, première sortie à quatre. Et dire qu'il y a quinze jours, nous étions deux. On est passé du simple au double. Double bonheur, mais aussi double galère. L'arrivée d'un enfant dans un couple est un sacré changement, mais l'arrivée de deux, c'est un véritable tsunami. Nous venons de nous garer, les jumeaux commencent à pleurer. Une odeur saisissante nous monte aux narines.

— C'est une blague, on vient de les changer ? me dit Denis sur un ton paniqué. Comment on va faire ? On n'est pas à la maison !

— C'est bon, ne t'angoisse pas, je vais les changer dans le coffre de la voiture. Ça va le faire j'ai tout prévu.

— Ah non ! Pas dans le coffre. On rentre à la maison !

— Non, mais tu plaisantes, si on rentre à chaque fois qu'ils ont une couche pleine, un biberon à prendre ou encore un rot coincé, eh bien, on va rester enfermés longtemps ! C'est bon, ne stresse pas, je gère.

Denis était complètement paniqué, et moi morte de rire. Une lingette par-ci, une couche par-là et voici deux bébés tout propres. Nous pouvons donc poursuivre notre épopée. Le soleil nous réchauffe en ce début octobre, les rayons se reflètent à la surface de notre chère Méditerranée, le bleu du ciel s'y reflète également. Nous nous sommes installés en terrasse afin de pouvoir contempler ce merveilleux paysage. Après un petit apéritif bien mérité, une belle discussion sur notre merveilleuse vie, un des jumeaux a faim, et voilà Denis en panique, encore. Il me fait rire avec ses coups de stress. Pour une fois, c'est lui le stressé et moi qui le rassure. Voilà que les rôles s'inversent. Chacun d'entre nous va devoir trouver une nouvelle place. Cette réalité ne me fait pas peur, au contraire elle me fascine. Pour la première fois de ma vie, je me sens à ma place.

Chapitre XXII

Nous sommes le 20 avril 2011, nous venons de mettre les jumeaux à la sieste. Nous profitons de ce moment de calme pour nous blottir l'un contre l'autre. Les derniers mois ont été difficiles. Nous avons vécu de merveilleux moments, mais d'autres, moins faciles. Il y a quelques mois, Denis m'a demandé en mariage. N'allez pas vous imaginer un truc super romantique, non non ça serait mal connaître mon Denis. Il est juste rentré un soir du travail avec une rose et m'a simplement dit, « Épouse-moi » et j'ai alors simplement répondu « Oui ». Nous avons ensuite décidé de fêter notre mariage, ses 30 ans et le baptême civil des jumeaux le même jour. Comme à son habitude, ma mère a trouvé quelque chose à redire sur l'organisation de l'événement « Un baptême civil, mais tu ne penses pas à tes enfants et leur entrée au paradis ? », « Tiens voici la liste de nos invités afin qu'on ait du monde qu'on connaît avec nous », « Du noir sur une robe de marié, mais ça ne se fait pas ! ». Encore et toujours la même rengaine. Un jour, à bout de nerfs, entre les jumeaux qui ne faisaient pas leurs nuits, les préparatifs du mariage et peut-être aussi les hormones, j'ai décidé de la sortir de ma vie. Je lui ai donc simplement dit « Je ne veux pas que tu viennes à mon mariage, tout le monde peut venir, Mamie, mon frère, tous, mais pas toi ». Et à son image, elle a transformé ma phrase et sa réalité en : « Personne ne peut aller au mariage d'Aby ». Depuis ce jour, je n'ai plus aucune nouvelle de personne, je me suis retrouvée seule du jour au lendemain sans famille. Heureusement, j'avais Denis et mes enfants. Eux, c'était ma valeur sûre, ma famille. La mienne, celle que j'ai construite par amour, celle que je n'ai pas à subir. Nous nous sommes donc dit oui entourés de sa famille et de nos amis. C'était un moment plein d'amour. Denis vient de s'endormir, ses ronflements en attestent. Malgré ses bruits de phacochère, je l'admire, il est mon pilier. Je me rends compte à quel point j'ai de la chance. Ce doux moment est troublé par un bruit étrange.

— Mama, mama, mama !

Denis se réveille en sursaut, on se regarde.

— Tu as entendu, quelqu'un a dit mama ?

— Mais non tu rêves, ils sont trop petits pour parler !

— Je te dis que j'ai entendu mama, je ne suis pas folle.

Nous montons dans la chambre des jumeaux, notre petit prince dort encore. Denis rentre le premier dans la chambre, quand notre fleur le voit, elle se met à pleurer en disant « mama ».

Mon cœur se serre, il s'emballe, je m'avance et nos regards se croisent. Le bleu de ses yeux me transperce et dans un petit sanglot elle me tend les bras en disant : « Mama ».

Ses quatre lettres saisissent mon âme. Je n'aurais jamais pu imaginer une seule seconde la puissance de ce mot. Je la prends, je la serre fort, nos deux cœurs battent à l'unisson. Nous sommes en symbiose. Je prends le temps de savourer ce moment, je me sens invincible, vivante, aimée, aimante. Ceci peut-être, avait, avec quatre lettres, fait de moi la personne la plus heureuse et comblée de la terre. À ce moment précis, je réalise qu'on ne peut pas faire de mal à son enfant, à sa chair, à son sang. Je lui fais la promesse de lui apporter tout ce dont elle aura besoin, en lui laissant la place d'être qui elle veut. D'être présente pour elle, l'accompagner sans jamais la presser. Lui laisser sa liberté sans jamais la juger. De la laisser, rire, chanter, crier, pleurer. Je lui apprendrai à ne pas attendre que les orages passent, mais à danser sous la pluie, que seule on va plus vite, mais ensemble on va plus loin, que la meilleure façon de manger un éléphant c'est petit bout par petit bout et que malgré le fait que la vie soit parfois un gros gâteau de merde, je serai toujours là pour la soutenir. Après tout, c'est ça le rôle d'une mère. Et j'en suis une, je le sais, c'est ma fille qui me l'a dit.

À toi…

Toi qui ne comprendras jamais les blessures derrière ces mots, les larmes derrière ces pages. Toi qui n'imagines pas ce combat pour passer d'enfant cabossée à maman « réparée ». Toi qui ne liras jamais cet écrit, je voudrais te dire merci. Merci pour ces moments si sombres qui m'ont appris à m'émerveiller de chaque rayon de soleil. Merci pour cette vie de tempête qui me permet aujourd'hui d'aimer des moments si doux. Merci pour ces doutes et ces angoisses qui ont fait de moi une femme forte, autonome, solide et aimante. À défaut de m'avoir montré l'exemple à suivre, tu m'as montré le chemin qu'il ne fallait pas emprunter pour devenir une Maman.

Imprimé en Allemagne
Achevé d'imprimer en décembre 2022
Dépôt légal : décembre 2022

Pour

Le Lys Bleu Éditions
40, rue du Louvre
75001 Paris

www.ingramcontent.com/pod-product-compliance
Lightning Source LLC
Chambersburg PA
CBHW062343010826
49168CB00024B/232

9791037780683